ENFERS ET PARADIS

de la vie conjugale

PIERRE-YVES BOILY

ILLUSTRATIONS DE PHILIPPE BÉHA

ENFERS ET PARADIS

de la vie conjugale

Stanké

Données de catalogage avant publication (Canada)

Boily, Pierre-Yves
Enfers et paradis de la vie conjugale
ISBN 2-7604-0531-1
1. Couples.   I. Titre.
Collection : Collection Parcours (Stanké. (Firme)).
HQ737.B64 1996   306.872   C96-940637-1

Conception graphique de la couverture : Standish Communications
Infographie : Tecni-Chrome

Les éditions internationales Alain Stanké bénéficient du soutien financier du Conseil des Arts du Canada pour leur programme de publication.

ISBN 2-7604-0531-1

Dépôt légal : Bibliothèque nationale du Québec, 1996

Les éditions internationales Alain Stanké
1212, rue Saint-Mathieu
Montréal (Québec) H3H 2H7
Tél.: (514) 935-7452
Téléc.: (514) 931-1627

IMPRIMÉ AU QUÉBEC (CANADA)

Table des matières

Avertissement

Des milliers de spécialistes, de poètes et de romanciers ont écrit sur la vie conjugale. Plusieurs de ces textes relèvent de la sagesse. Plusieurs de ces textes fourmillent d'idées stupides.

Ce livre ne prétend qu'à vous faire sourire devant les turpitudes de la vie conjugale et à vous faire rêver de ses immenses possibilités.

Chapitre

I

Histoires d'enfers

Vous souvenez-vous des histoires que l'on vous racontait enfant? Quelle était votre histoire préférée? Laquelle vous vient à l'esprit en premier? Ces histoires du passé flottent encore dans votre tête et vous prenez même plaisir à les raconter à votre tour à vos enfants.

Ces histoires nous fascinaient et nous fascinent encore. Elles avaient et ont toujours pour fonction de donner un sens à l'incompréhensible, à l'inacceptable misère humaine. Les contes introduisaient dans nos esprits un merveilleux qui justifiait nos petites et nos grandes souffrances. Ils permettaient de calmer nos angoisses avant de trouver le sommeil.

Dans toutes les histoires se cache un drame humain qui, lui, est réel, horrible. Dans plusieurs de ces histoires, des couples sont présentés ouvertement ou symboliquement. Ces contes nous ont fourni des scénarios de vie, des modèles que nous avons tenté et que nous tentons encore de copier avec l'espoir de retrouver la magie de notre enfance.

Or, le plus souvent, ces histoires sont absurdes, dangereuses, violentes, inconséquentes ; appliquées dans la vie réelle, elles mènent au désastre. Et pourtant, il n'est pas rare de rencontrer des adultes qui tentent encore de reproduire ces scénarios dans leur vie conjugale, s'enfermant dans des rôles inspirés du merveilleux de leur enfance. Certains même, après un premier échec, recherchent un partenaire qui collaborera au même vieux scénario en espérant que, cette fois, « ils vivront heureux et auront de nombreux enfants ».

Pour vous aider à découvrir ou à nommer les aspirations lugubres ou absurdes contenues dans vos fantaisies personnelles et conjugales, voici plusieurs histoires anciennes servies à la moderne. Peut-être y reconnaîtrez-vous des éléments de votre enfer quotidien.

Adam et Ève

Adam était de la vieille école: «rien de nouveau sous le soleil», «à chaque jour suffit sa peine». Un brin asocial et défaitiste, il avait peur du changement et cultivait les traditions. Zoologiste de métier, il passait toutes ses journées à inventer des noms pour les nouveaux animaux qu'il répertoriait. Adam croyait que les hommes devaient diriger le monde puisqu'ils avaient été créés les premiers et que chaque être devait se contenter du petit coin de paradis qui lui était dévolu par la nature.

Ève était pleine de vie. À titre d'anthropologue, elle était curieuse de toutes les cultures et des diverses croyances. Elle vivait souvent «côte à côte» avec les sujets de ses recherches pour tenter de les connaître sans les influencer d'aucune manière. Pour Ève, le genre humain était tout à fait perfectible, et l'humanité n'en était qu'à ses premiers balbutiements. Elle voulait participer à son évolution, tandis qu'Adam ne voyait rien de nouveau sous le soleil.

Adam et Ève ne se souvenaient pas qui des deux avait fait les premiers pas, ni comment leur relation s'était vraiment approfondie. Ils formaient un couple sans histoire croyant se compléter l'un et l'autre. Ève souriait tendrement à cet Adam paisible et terrien. Adam s'étonnait sans cesse des trouvailles d'Ève. Ce n'était pas le bonheur parfait, mais Adam s'en contentait et Ève n'avait pas trouvé mieux.

Un jour, Ève présenta à Adam un biologiste de renom, spécialiste des manipulations génétiques. C'était un vieux serpent sans morale pour qui la connaissance scientifique justifiait tous les moyens. Ève y voyait l'occasion par excellence de produire un être de culture supérieure et de perfectionner le genre humain. Adam, quant à lui, croyait que ces expériences ne changeraient rien à la supériorité des hommes; il n'y voyait donc pas d'inconvénient.

Sous la gouverne du vieux serpent scientifique, ils entreprirent des expériences de manipulations génétiques sur leurs propres personnes. Alors, ils tombèrent tous deux dans les pommes.

Adam se réveilla faible et honteux, certain que cette expérience funeste confirmait sa vision du monde: aucun changement n'était possible. Ève se réveilla vibrante et enceinte, certaine que cette expérience confirmait sa vision du monde: leurs enfants seraient vraiment différents. Puis Adam et Ève se rendirent compte qu'ils avaient tout perdu; le serpent s'était enfui avec leurs biens. Ils se retrouvaient tous deux nus sur la paille. Ils ne se parlèrent plus, espérant chacun de son côté que les enfants prendraient le parti de l'un contre l'autre.

Ils avaient deux fils. Caïn, l'aîné, était de la vieille école et insistait sur sa primogéniture. Abel, le cadet, était plein de vie et favorisait toujours le changement. Un jour...

« Plus ça change et plus c'est pareil » ou « Le changement, c'est la vie ». Bien des couples s'engagent dans des expériences abracadabrantes pour tenter de convertir l'autre à sa vision de la vie. Les résultats sont souvent catastrophiques, chacun se refermant sur sa vision en croyant que l'autre l'a trahi. Et les enfants s'inspirent de ces mêmes scénarios pour recommencer. Pensez à vos parents...

Robin et Marianne

Robin et Marianne étaient issus de classes sociales très différentes : Robin, d'un milieu ouvrier non spécialisé et Marianne, d'une richissime famille capitaliste. Ils se rencontrèrent au cours d'une réunion politique où l'on proposait l'idéal d'une société égalitaire et démocratique dans laquelle chaque citoyenne et chaque citoyen participerait selon ses talents et recevrait selon ses besoins.

Robin et Marianne partageaient ce même idéal et ils étaient plus pressés que les autres pour le réaliser de leur vivant. Aussi décidèrent-ils ensemble de fonder une cellule de lutte armée pour renverser le régime en place. Plusieurs hommes sans instruction se joignirent à eux dans l'espoir de rapporter un peu de pain à leurs familles dans le besoin. Par l'entremise de la pieuse Marianne, ils recrutèrent même un moine défroqué dont la seule présence légitimait moralement leurs actions.

Leur vie de couple fut mouvementée. Robin participait souvent à des guérillas dans des pays à libérer. De retour de ses croisades internationales, il aidait Marianne à réaliser des coups de force dans leur propre coin de pays. Marianne agissait comme transfuge ; elle recueillait ainsi les informations nécessaires pour monter les opérations de leur petit groupe. Elle devait donc, elle aussi, s'absenter souvent pour participer au combat commun.

Au fil des ans, Robin et Marianne se virent de moins en moins souvent, chacun étant préoccupé de sa propre carrière pour changer le monde. Leurs rencontres de plus en plus rares se déroulaient sur la trame de l'amertume qui se transformait graduellement en agressivité. Au début, ce n'étaient que des blagues sur les origines de l'autre. Puis, les blagues devinrent des allusions mesquines sur les absences de l'autre. Les allusions se muèrent en pointes de récrimination et les pointes se changèrent en flèches meurtrières sur les véritables motivations de l'autre, chacun accusant l'autre d'exploiter la relation conjugale pour son avancement personnel.

Épuisés par leurs luttes intestines, ils finirent par délaisser la cause pour laquelle ils avaient combattu et décidèrent de s'éviter complètement pour ne plus se blesser. Robin termina ses jours seul, dans une pension de l'État pour les pauvres vieillards. Marianne vieillit doucement dans une riche villa pour femmes de bonne famille.

L'engagement commun dans une entreprise ou une cause n'offre aucune garantie quant à l'engagement conjugal. La fidélité de l'un et de l'autre suppose une démarche différente de l'action sociale. Lorsque l'engagement social s'oppose à l'engagement conjugal ou vice-versa, les conjoints mélangent les carottes et les pommes dans leur dialogue.

15

Cendrillon

Il était une fois une jeune fille âgée de seize ans, niaise, stupide mais belle, qui se nommait Cendrillon. Elle voulait tellement plaire à tous qu'elle se soumettait à toutes les demandes, à tous les ordres sans jamais imposer ses limites, sans jamais opposer de refus. Sa devise : *Plaire et subir*.

Cendrillon, après le décès de ses parents, avait été placée par un travailleur social surchargé de dossiers dans la famille de sa tante. Cendrillon n'avait pas du tout envie de vivre dans cette famille, mais, conformément à sa devise, elle ne révéla rien au travailleur social, et lui, fort heureux de classer un dossier, ne poussa pas plus loin son enquête.

La tante de Cendrillon était exécrable. Prétentieuse, abusive et violente, elle exploitait Cendrillon comme une esclave. La jeune fille devait faire seule tous les travaux d'entretien et de cuisine, de couture, de peinture et de plomberie, s'occuper du chauffage en plus de surveiller ses deux pestes de cousines qui ne se privaient pas de la martyriser aussi souvent qu'elles le pouvaient. La tante se vengeait ainsi de son frère aîné, le père de Cendrillon, qui avait abusé d'elle lorsqu'il était jeune.

Cendrillon, fidèle à sa devise, subissait tous les sévices et les mauvais traitements sans rien dire. Le soir, exténuée, elle pleurait doucement dans un coin sale de la cave où sa tante l'enfermait pour la nuit. Cendrillon était tellement niaise et stupide qu'il ne lui vint jamais à l'idée de demander aide et protection à un voisin, à un médecin, à une enseignante ou à un policier. Elle pensait quelquefois au travailleur social, mais n'osait déranger le pauvre professionnel submergé de clients.

Un jour, la tante annonça qu'elle irait à un bal costumé en ville avec ses deux filles. Elle ordonna à Cendrillon de fabriquer des robes somptueuses en plus de voir au quotidien de la maisonnée. Le soir du bal venu, la tante enferma Cendrillon comme d'habitude dans la cave et s'en fut à la réception avec ses deux petites sauvages maquillées pour l'occasion. Cendrillon pleurait amèrement en poussant des pointes de sanglots, grelottant dans la cave humide et froide sans même penser à mettre des bûches dans le poêle à combustion lente.

La voisine, douce et gentille comme une fée, entendit les pleurs de Cendrillon. Ce n'était pas nouveau ; chaque soir, elle entendait pleurer la stupide jeune fille, mais craignant des représailles de la part de la tante, elle n'osait pas intervenir ni prévenir le Directeur de la protection de la jeunesse.

Ce soir-là, cependant, la voisine se risqua à délivrer Cendrillon de la cave. Celle-ci, tout en larmes, au lieu de se plaindre du mauvais traitement qu'elle subissait, raconta à la voisine sa peine de ne pouvoir aller au bal. Cendrillon n'avait même pas pensé à s'organiser pour y aller toute seule.

Pour la consoler, la voisine lui servit une pointe de tarte à la citrouille, l'envoya prendre un bain et lui offrit l'une de ses jolies robes. Une fois débarbouillée et coiffée, Cendrillon était très belle, méconnaissable même. La voisine appela un taxi et lui recommanda de ne pas manquer le dernier autobus qui la ramènerait avant le retour de sa tante et des deux petits monstres.

En entrant dans la salle de bal, Cendrillon aperçut tout de suite un jeune homme qui dansait. Il était beau, beau, beau... comme un prince, et il dansait si bien. Lui aussi la remarqua rapidement : belle, seule et timide. Il l'invita et ils dansèrent ensemble toute la soirée sans toutefois se parler, sans même se dire leurs noms. Ils se regardaient avec envie : Cendrillon fondait en pâmoison et Prince durcissait en fantasmes.

Juste avant minuit, Cendrillon s'esquiva sans un mot pour ne pas rater le dernier autobus. Elle partit si vite qu'elle oublia une botte au vestiaire. Sur le chemin du retour, Cendrillon rêva de ce beau jeune homme, souriant et bon danseur, dont elle s'était déjà stupidement amourachée.

De son côté, Prince continua à danser et à boire avec ses copains jusqu'à la fin du bal. À trois heures du matin, un peu éméché, comme il s'apprêtait à sortir, il vit qu'une botte avait été oubliée au vestiaire. Son sang ne fit qu'un tour. Prince était subjugué. Ses plus grands fantasmes sexuels se fixaient sur le cuir des bottes et des souliers. Comme il avait vécu toute son enfance aux pieds de sa mère qui tentait d'empêcher son père de lui botter le cul, Prince devint complètement « maboule » devant cette botte de femme abandonnée au vestiaire.

Dans son délire sexuel, Prince entreprit de passer en revue toutes les filles de la ville afin de trouver au pied de qui allait cette chaussure. Le jeune homme était tellement obsédé qu'il parcourut toutes les rues et les avenues pendant des semaines jusqu'à ce qu'enfin il trouve le pied de Cendrillon.

Prince ne reconnut pas la belle jeune fille du bal puisque Cendrillon était redevenue sale et crottée, mais, elle, elle reconnut le beau danseur et s'imagina tout de suite qu'il était venu la délivrer de l'enfer de cette horrible existence. Prince atteignit l'orgasme lorsqu'il constata que la botte lui seyait à merveille. Avec Cendrillon, il voulut prendre son pied, mais celle-ci lui offrit sa main.

Croyez-vous qu'ils vécurent heureux et eurent de nombreux enfants ? Pas du tout ! Ils eurent de nombreux enfants, car Prince revenait à la maison, de temps en temps, entre deux soirées de danse. Cendrillon continua toute sa vie à se plier aux demandes de ses enfants et aux ordres de son mari, sans jamais mettre de limites, sans jamais opposer de refus, fidèle à sa devise : *Plaire et subir.*

La passion porte à croire que l'autre correspond à nos rêves les plus fous sans les révéler. Le réveil après l'aventure passionnelle fait place aux pires cauchemars. Vivre une passion amoureuse ressemble à la descente d'une rivière tumultueuse: si les deux négocient ensemble les rapides, le canot conjugal peut se rendre jusqu'au lac de l'amour. Sinon, le canot se brisera sur les rochers des illusions et la noyade est à prévoir.

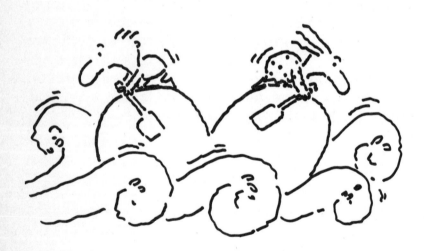

Tarzan

Il était une fois un jeune homme beau, grand, fort et sauvage qu'on appelait Tarzan. Il vivait chez les gitans qui l'avaient recueilli quelques semaines après sa naissance. Ses parents étaient morts d'une *overdose* alors qu'ils vivaient leur nouveau *trip* de retour à la terre après un épisode *peace and love*. Le bébé avait été découvert dans la forêt, pleurant et criant à côté des cadavres de ses parents. Les gitans le prénommèrent Tarzan parce qu'il criait sans cesse, malgré les soins qu'ils lui prodiguaient.

Tarzan grandit parmi ce clan de gitans qui vivaient selon les lois de la jungle. Il apprit à se déplacer pour trouver de la nourriture, à se battre à mort pour défendre le clan, à donner de l'affection sans parole et à laisser les responsabilités au chef du clan. Cependant, Tarzan continuait à se distinguer du reste du clan parce qu'il criait à tout propos : il criait pour faire peur, il criait pour demander, il criait pour affirmer sa présence. Le clan considérait ce jeune homme comme un barbare, mais sans lui en tenir rigueur ; tous se rappelaient les parents tarés et irresponsables dont il était issu.

Un jour que Tarzan criait sur les grands chemins en gesticulant pour faire peur aux passants, un psychologue s'arrêta et le dévisagea étrangement. Après plusieurs minutes de regards muets, le psy lui confia de façon tout à fait non-directive : « Je vous vois perturbé jeune homme et je veux vous aider. Je connais vos origines inconscientes et je vous propose d'y remonter pour vous faire découvrir le cri primal. » Tarzan ne comprit rien à ce charabia, mais comme il aimait bien découvrir de nouveaux cris, il suivit le psy en pensant qu'il n'avait rien à perdre.

Son guide le conduisit dans un grand château très richement meublé. Un vieil homme se présenta comme étant son grand-père. Au premier abord, Tarzan ne le crut pas, mais lorsqu'il entendit ce vieux monsieur crier des ordres aux serviteurs et aux chevaux, il reconnut qu'ils étaient du même sang. D'autant plus qu'après quelques jours ce vieux grand-père lui recommanda de se battre pour conserver le patrimoine. Cela confirma Tarzan dans ses liens de parenté.

Il y avait au château une jolie jeune femme très cultivée à qui on avait confié la tâche d'inculquer à Tarzan les bonnes manières afin qu'il devienne à son tour chef de clan. Cette jeune femme se nommait Jane et elle épousa sa tâche comme une sainte mission : sortir Tarzan des affres de la sauvagerie. Elle s'employa du matin au soir et du soir au matin à le surveiller partout. Elle lui enseigna à parler plutôt que crier, à boire raisonnablement plutôt que prendre un coup, à dire des paroles d'affection plutôt que faire des gestes brusques. Et Tarzan l'écoutait, apprenait, devenait docile... surtout parce qu'il la désirait.

Lorsque le grand-père mourut, Tarzan hérita de tout le domaine et commença à s'ennuyer. Il endossait les responsabilités de chef de clan, mais il ne pouvait ni crier ni se déplacer pour la nourriture parce que Jane veillait à tout, à sa conduite en particulier. Tarzan voulait voyager et organisait des fêtes, ce que Jane interprétait comme un relent de sa période gitane; elle redoublait alors d'ardeur pour l'éduquer et le charmer.

N'en pouvant plus de cet univers de règles et de normes, Tarzan se mit à boire et le domaine tout entier devint une vraie jungle. Jane avait beau supplier et menacer Tarzan de le quitter, celui-ci redevenait de plus en plus sauvage, criant sur tous les toits et prétextant n'importe quoi pour se battre avec le premier venu. Jane tenta par tous les moyens de ramener Tarzan dans le droit chemin. Elle le fit même adhérer à un groupe d'ex-gitans pour qu'il reçoive du soutien de ses pairs. Rien n'y fit. Dès que Tarzan rentrait au château pour se soumettre aux règles de Jane, la jungle le reprenait de plus belle.

Un jour, Tarzan proposa à Jane de faire avec lui un *trip* de retour à la terre. Si elle acceptait de l'accompagner dans la vraie jungle des gitans, il promettait solennellement de ne plus crier. Jane accepta, croyant bien qu'après quelque temps Tarzan reconnaîtrait la supériorité de la vie de château.

Croyez-vous qu'ils vécurent heureux et eurent de nombreux enfants? Pas du tout! Jane accoucha dans la jungle de jumeaux, un garçon et une fille. Tarzan fit éclater sa joie dans un grand cri. Jane, offusquée, retourna au château avec sa fille qu'elle confia à une gouvernante sévère. Tarzan confia son fils à des gitans et recommença à parcourir les grands chemins.

> *La relation conjugale ne peut se fonder sur l'aide ou l'éducation d'un conjoint par l'autre. En voulant « sortir » l'autre d'une situation problématique, on contribue la plupart du temps à aggraver le problème.*

Blanche-neige et compagnie

Le drame de la belle-mère de Blanche-neige dépasse l'imagination la plus vive. Comédienne de talent, elle avait joué plusieurs rôles dont celui d'une sorcière dans une série télévisée qui avait fait le tour du monde. Pour son plus grand malheur, elle accepta d'épouser un critique de cinéma qui régnait en tyran sur le monde artistique.

Ce monsieur important était père d'une fille née d'un premier mariage avec une autre actrice qui avait succombé à une *overdose* de cocaïne peu après l'accouchement. L'enfant fut donc surnommée Blanche-neige. Comme elle ressemblait presque en tout point à sa mère, son père lui vouait un culte quasi incestueux. Véritable réincarnation de sa mère, sa fille était la plus belle et il imposait cet avis à tout son entourage. Ce monsieur important et occupé avait quand même choisi de se remarier pour que son enfant reçoive les soins d'une femme, car, à son avis, les hommes étaient génétiquement carencés pour le rôle parental.

La nouvelle belle-mère, quittant sa carrière sur les instances de son critique de mari, se consacra totalement à l'éducation de Blanche-neige. Sa beauté éclatait autrefois sur tous les écrans. Et pourtant, autour d'elle, les courtisans de monsieur le Critique ne célébraient que la beauté de Blanche-neige, en hommage à la dévotion morbide du père pour l'épouse décédée.

Préoccupée de l'équilibre affectif de l'enfant, la belle-mère essaya plusieurs stratégies pour rompre ce lien incestueux. Elle fit d'abord tous les efforts pour plaire à son mari et l'amener à oublier la première déesse de sa vie, mais les critères esthétiques de monsieur demeuraient psychotiques.

Lorsque Blanche-neige eut dix-huit ans, la belle-mère fit des pieds et des mains pour que la fille quitte la maison, espérant ainsi l'éloigner de son incestueux père. Blanche-neige s'installa donc avec sept bonshommes étranges vivant des expériences très bizarres reliées à la drogue. Comme sa mère, Blanche-neige se mit à sniffer, prit une surdose et sombra dans un profond coma.

Le père et toute sa cour en émoi reprochèrent à la belle-mère la condition douloureuse de Blanche-neige. Ils l'expulsèrent de leur milieu en insinuant que son ancien rôle de sorcière lui était monté à la tête. Blanche-neige sortit de son coma à la suite d'une chute de lit provoquée accidentellement par un jeune acteur hystérique qui se trouvait à son chevet avec les sept autres énergumènes.

C'est ainsi que Blanche-neige vécut le reste de sa vie entourée de son père, de sa cour, des sept bonshommes et de l'acteur hystérique. Quant à la belle-mère, elle se retrouva seule, vieillie et désespérée. Elle ne put jamais reprendre sa carrière à cause du harcèlement constant de la communauté artistique. Blanche-neige devint la première femme à diriger un réseau de trafic de cocaïne.

« Je t'aime parce que tu me fais penser à... » Si vous entendez ce genre de phrase, fuyez! Si vous dites ce genre de phrase, consultez!

Le père Noël et la Fée des glaces

Misogyne et solitaire, Noël se réfugiait dans l'atelier de son antre. Toute l'année durant, il fabriquait de menus articles qu'il refilait ensuite par correspondance à une grande chaîne de magasins. Une fois par année cependant, toujours à la même époque, il faisait la tournée des grands-ducs, dépensant son argent à tout vent pour faire la fête avec de parfaits inconnus. Il revenait après quelques heures de haut vol, fourbu, désabusé, écœuré du genre humain.

Au cours d'une de ces virées mémorables, il rencontra dans un bar huppé une femme d'une beauté magique qui l'ensorcela avec ses œillades en étoiles. Il en tomba amoureux fou. Il la supplia, la cajola, lui promit mer et monde pour qu'elle accepte enfin de venir vivre avec lui.

Après bien des minauderies, Fée accepta de s'installer avec Noël. «À une seule condition, lui dit-elle, copain-copain, pas plus – Tout ce que tu voudras», répondit Noël qui ne se rendait vraiment pas compte du piège qui se refermait sur lui.

Aussitôt arrivée dans l'antre de Noël, Fée laissa tomber le masque et se révéla femme d'ordre, d'exigences et de discipline à outrance. Des règles pour toute conduite, des rangements pour toute chose, des horaires pour toute activité. Noël souriait sous ce nouveau joug, car il espérait ainsi gagner le cœur de sa bien-aimée.

Les mois et les années passèrent, et chaque fois que Noël tentait un rapprochement affectif ou sexuel, Fée lui répondait: «Copain-copain, pas plus.» Noël revenait quand même à la charge et, un jour, après avoir respecté tous les règlements et rempli toutes les charges exigées, il s'enhardit à proposer à Fée d'avoir des enfants avec elle. La réponse fut cinglante: «Si tu veux des enfants, accueille les orphelins de la ville; ça t'enlèvera peut-être tes fantasmes sexuels!» Noël se rendit compte que Fée était de glace et il recueillit chez lui plusieurs orphelins en espérant que l'activité et la chaleur des enfants feraient fondre le cœur de sa belle Fée.

Rien n'y fit et après des mois et des années passés dans cette atmosphère glaciale, Noël annonça à Fée qu'il envisageait de reprendre sa tournée annuelle des bars pour se changer les idées. En entendant cela, Fée devint menaçante: «Si tu fais encore une virée, je te quitte. Qu'est-ce qui me prouve que tu ne dénicheras pas une autre femme?» Complètement décontenancé, Noël eut cependant une réplique de génie: «La preuve sera que je donnerai à tous sans avoir le temps de prendre à personne.» Fée en resta baba.

Noël se lança alors avec frénésie dans les préparatifs. Avec les orphelins qu'il accueillait maintenant en très grand nombre et qu'il surnommait affectueusement ses petits lutins, Noël se mit à fabriquer des cadeaux pour tous les gens de la ville. Ensuite, il fit sa grande tournée assez rapidement pour prouver à Fée qu'il n'avait eu que le temps de donner.

Depuis ce jour, chaque année, à la même époque, les gens de la ville reçoivent des cadeaux, ce qui leur prouve que Noël espère encore faire fondre le cœur de Fée, toujours de glace, « copain-copain ».

Les « preuves » d'amour n'existent pas. L'amour se base sur la confiance : croire ou ne pas croire quand l'autre déclare son affection. Une relation basée sur des exigences et des preuves mène à l'éloignement, à la solitude et à l'épuisement.

Cyrano et Roxanne

Cyrano aimait Roxanne, ou il aimait aimer Roxanne, ou il aimait l'amour; en fait, il s'aimait d'aimer sans retour. Cyrano avait horreur de la réciprocité. Il préférait ses ennemis, car eux, au moins, il pouvait les faire disparaître. Narcissique à l'extrême, il se morfondait à contempler sa propre image sans accepter de se voir à travers les yeux de ses amis.

Roxanne aimait Christian, un beau petit soldat fier et simple; ou plutôt, Roxanne désirait sexuellement Christian sans l'avouer autrement que sous un déguisement poétique; en réalité, Roxanne désirait que Christian la désire tellement qu'il accepte de se prêter à son vice poétique.

Christian aimait Roxanne, ou il l'admirait pour sa beauté et sa culture; ou plutôt, il aimait se sentir inférieur à Roxanne; de fait, il prenait tous les moyens pour la baiser.

Comment en étaient-ils arrivés là? Peut-être en souvenir des jeux de leur enfance alors qu'avec leurs cousins et cousines, ils inventaient des actions de bravoure et de romance. Peut-être l'attirance des contraires, la laideur de Cyrano se fourrant constamment le nez dans les affaires des autres, le romantisme de Roxanne vicieusement entichée de poésie fleur bleue. Peut-être les contradictions de Cyrano, poète et soldat, gourmet et ascète, franc et menteur. Peut-être le conformisme ingénu, l'uniformité naïve de Roxanne. Quoi qu'il en soit, ils formèrent un couple désuni dans la tendresse, monologuant dans l'affection et très intimement distants.

Cyrano n'aimait pas Christian, alors ils devinrent des amis. Roxanne n'aimait pas Cyrano, alors elle devint son amie. Cyrano prêta sa plume à Christian afin qu'il charme Roxanne, qu'elle apprécie sa beauté de jeune mâle et qu'ainsi elle succombe à l'amour que Cyrano croyait lui porter sans que jamais elle sache que Christian lui mentait par la bouche de Cyrano qui la mystifiait par la voix de Christian qui, par amour pour elle, n'avoua jamais sa trahison alors qu'elle découvrit le pot aux roses juste avant la mort de. Cyrano qui lui refusa à ce moment tout contact en lui déclarant un amour qu'ils n'avaient jamais vécu. Est-ce clair?

Pour croire que cette histoire est celle d'un grand amour, il faut vraiment avoir du panache!

Voulez-vous vraiment ne plus rien comprendre à votre vie affective? Confiez-vous à un ami sans en parler à votre amour; ça fonctionne à tout coup.

Popeye et Olive

Olive avait eu une enfance et une adolescence misérables. Négligée par ses parents, bafouée à l'école, violentée par ses oncles, elle s'était réfugiée dans la maladie. La maigreur cadavérique qu'avait entretenue Olive faisait contrepoids à la tendance boulimique de sa famille et en particulier à celle de son oncle Glouton.

Au début de son âge adulte, Olive n'était pas au bout de ses peines. Elle fut violée en plein jour, en pleine ville, par un grand gaillard macho réputé, et personne ne vint à sa défense ni ne rapporta le crime à la police. Olive elle-même, complètement désabusée, renonça à entreprendre des procédures judiciaires contre Brutus, craignant d'être abusée par tout le système. Neuf mois plus tard, Olive accoucha dans le dénuement le plus total. Elle prénomma son enfant Pistache, du nom du seul aliment un peu consistant qu'elle pouvait se payer avec le maigre montant des allocations familiales.

Le père de Popeye était un alcoolique très violent. Dès sa jeunesse, Popeye mit au point toutes sortes de stratégies et de moyens pour se sortir de ce milieu d'enfer. Il pratiqua l'haltérophilie, s'adonna à l'alimentation végétarienne et devint travailleur social voué à la protection de la veuve et de l'orphelin. Il conserva cependant certains traits de son père : une tendance prononcée pour les drogues, en particulier le tabac à pipe, et une lubie, un fantasme, une fixation, pour l'aventure solitaire en mer.

Popeye, dans le cadre de ses fonctions professionnelles, en vint à prendre en charge la sécurité d'Olive et de Pistache, car Brutus sévissait toujours, personne n'osant le dénoncer aux policiers. Les uns craignaient les représailles de Brutus ou de ses amis, les autres croyaient que ses méfaits étaient strictement d'ordre privé et qu'ils n'avaient pas à s'en mêler.

Popeye prit sa mission très au sérieux. Chaque fois que Brutus menaçait Olive ou Pistache, Popeye arrivait à la rescousse et combattait vaillamment l'horrible macho. Mais lui non plus ne le dénonça jamais à la police, car la présence de Brutus était le seul prétexte permettant à Popeye de rencontrer Olive de temps à autre sans manquer à l'éthique professionnelle.

Ainsi vécurent Olive et Popeye : elle dont on abusait physiquement constamment et qui abusait à son tour des services de Popeye qui, lui, abusait de la vulnérabilité d'Olive pour justifier sa présence. Tous les deux évitaient ainsi l'engagement affectif et sexuel pourtant si désiré, mais pour toujours tabou. Sous ce parapluie de protection sordide, Pistache devint un adolescent délinquant, véritable macho qui terrorisait tout le quartier.

Les couples fondés sur la protection de l'un par l'autre s'acheminent souvent vers un abus mutuel.

Geneviève et Arthur

Geneviève et Arthur s'aimaient tendrement. Elle admirait sa grande beauté et son esprit très vif. Il louait son charme et sa grande culture et la traitait comme une reine. Or Geneviève vivait un dilemme profondément angoissant. Elle avait convolé en justes noces avec Arthur, un politicien brillant qui gravit presque miraculeusement tous les échelons du pouvoir. Arthur s'entourait constamment de tous ses amis et proposait souvent des tables rondes pour discuter des problèmes auxquels faisait face la nation dont il dirigeait maintenant les destinées.

Lancelot vivait un dilemme profondément angoissant. Son amitié pour Arthur datait de l'époque où ils s'étaient affrontés politiquement. Chacun des deux hommes avait développé respect et admiration pour les qualités personnelles de l'autre. Lancelot était du genre aventurier solitaire, mais il se plaisait à mener des combats dans l'arène politique pour son grand ami Arthur, car cela lui permettait de rencontrer la belle Geneviève.

Arthur vivait un dilemme profondément angoissant. Depuis le jour où Geneviève avait décidé de se lancer elle-même en politique, Lancelot avait accepté de porter les couleurs du même parti, ce qui avait permis à Geneviève de triompher de tous ses adversaires.

Ce trio provoquait quantité de commentaires et d'analyses. Certains disaient que Geneviève profitait à la fois de la sécurité d'Arthur et du romanesque de Lancelot. D'autres étaient d'avis que Lancelot tirait bien sa lance du jeu, tirant profit de l'amour et de l'amitié sans avoir à en assumer les responsabilités. D'autres, enfin, faisaient observer qu'Arthur gagnait sur plusieurs tableaux, la sympathie du public à son égard lui valant des avantages politiques sans qu'il ait à tenir d'autre rôle que celui d'entretenir son amour et son amitié.

Geneviève et Arthur ne discutèrent jamais ouvertement de la présence de Lancelot dans leur vie commune, de peur de briser le tendre amour qui les unissait. Mais plus les années passaient, plus les ragots augmentaient et les allusions au fameux triangle se faisaient de plus en plus pernicieuses. Si bien qu'à la mort de Lancelot, au cours d'une dangereuse mission diplomatique, une violente querelle éclata au sein du couple ainsi que dans tout le pays. D'une part, Geneviève et ses partisans soutenaient que Lancelot avait toujours pris fait et cause pour l'amitié et l'unité du pays. D'autre part, Arthur et son parti proclamaient que Lancelot s'était engagé à fond pour l'amour et le respect des différences.

Jusqu'à leur mort Geneviève et Arthur vécurent un dilemme profondément angoissant : devaient-ils se parler du fameux triangle qui n'existait plus ?

Les plus grandes peurs proviennent du silence qui les entoure. « Si je racontais telle chose à l'autre, il ou elle ne m'aimerait plus. »

Le Petit Poucet

Il était une fois un tout petit garçon, septième d'une famille de sept garçons. Ce cadet poussait sur tout un chacun pour les encourager à l'effort; c'est pourquoi toute la famille le surnommait le Petit Poucet. Les parents étaient très, très pauvres, et il arrivait souvent qu'ils n'eussent même pas quelque nourriture à offrir à leurs sept fils. Comme c'étaient des parents qui espéraient beaucoup réussir l'éducation de leurs enfants, ils se refusaient à voir leur échec se refléter dans les yeux de leurs sept fils. Aussi, durant une période de grande disette, décidèrent-ils de placer leurs enfants en adoption.

Or le Petit Poucet entendit ses parents discuter de l'adoption et il se prépara en conséquence. Il dissimula dans sa poche tous les certificats de naissance et, après que lui et ses frères eurent été placés dans la famille Forestier, le Petit Poucet exhiba les preuves de leurs origines et remonta tous les sentiers judiciaires. Il réussit ainsi à ramener avec lui ses six grands frères chez leurs parents.

Chaque fois que les parents, au désespoir devant les crises d'adolescence de leurs fils, décidaient de se délester de leurs enfants, le Petit Poucet rassemblait des documents et poussait sur tout le système judiciaire pour que la tribu soit de nouveau réunie.

Mais un jour les stratagèmes du Petit Poucet pour exiger de nouveaux efforts de ses parents se butèrent à une haute cour de neuf juges qui tranchèrent que les droits individuels des parents primaient les droits collectifs des enfants. Le Petit Poucet et ses frères furent placés dans un centre d'accueil dirigé par un dictateur gestionnaire pour qui seules comptaient les compressions budgétaires. Dans l'institution, sept filles subissaient déjà les coupes sombres sans mot dire.

Évidemment, le Petit Poucet encourageait tout ce beau monde à l'effort concerté et il réussit à prendre possession des livres comptables et à confondre le directeur. Non content de son exploit, le Petit Poucet poussa ses six frères à épouser six des filles et il se réserva celle qui avait le plus besoin de motivation.

Petit Poucet et son épouse déprimée eurent neuf enfants; il tenait à pousser plus loin que ses parents. Comptable, il s'engagea dans toutes les batailles et les revendications communautaires de sa région. Il exhortait constamment tous et chacun à faire plus avec moins. À son épouse qui se plaignait de ses absences répétées, il décrivait tous les combats nécessaires pour changer le système. Lorsqu'elle tenta de lui faire comprendre que ses neuf enfants avaient aussi besoin de lui et qu'ils devenaient plus exigeants, puisqu'ils étaient arrivés à l'adolescence, il s'organisa pour les placer dans des colonies de vacances durant l'été et dans des pensionnats scolaires le reste de l'année.

Or le plus jeune de ses neuf enfants qu'on surnommait Pousseux s'organisa pour...

Souvent, un des conjoints s'installe dans la relation pour remplir une mission liée à sa famille d'origine, et c'est le désastre.

Roméo et Juliette

Dans une petite ville de province vivaient deux communautés cultivant des préjugés les uns envers les autres. Les Montagü étaient des commerçants flegmatiques et les Capulet, des fonctionnaires imbus de leur culture. Les deux communautés se talonnaient sans cesse : lois, procès, harcèlements administratifs. Tant et si bien que dans tous les événements sociaux de la ville, la tension était grande et les railleries nombreuses.

Roméo était un Capulet. Il était simple, poète et en amour avec l'amour. Juliette était une Montagü, simple, romantique et en amour avec l'amour. Lorsqu'ils se rencontrèrent au cours d'une fête populaire, ils perçurent tous les deux rapidement leur complicité. Le coup de foudre ! Ils reconnurent immédiatement la vocation au martyre dans les yeux de l'autre.

Durant leurs nombreuses rencontres secrètes, ils ébauchèrent une constitution d'amour, un pacte romantique, par lequel ils espéraient lier pour toujours les deux communautés. Leur stratégie était simple : faire croire à tous qu'ils se faisaient mourir pour les autres jusqu'à ce que l'amour triomphe de la haine des deux communautés l'une pour l'autre.

Roméo feignit donc de se faire mourir pour les Montagü et Juliette fit de même pour les Capulet. Roméo et Juliette croyaient vraiment que le seul fait d'exprimer des sentiments réglerait tous les différends.

Mais ils se prirent à leur propre jeu. Roméo se suicida à petits feux de cigarettes. Juliette s'épuisa mortellement à force de sacrifices et de cafés.

Heureusement, ils n'avaient pas eu d'enfants pour perpétuer leur tragédie et, après une courte période de deuil, les deux communautés reprirent leurs conflits en se reprochant l'une à l'autre la mort des deux activistes romantiques.

Mourir d'aimer ou s'aimer à en mourir, deux stupidités fondées sur la croyance que le partage d'émotions permet d'ignorer son intelligence.

Le Petit Chaperon rouge

Il était une fois une petite fille très naïve qui vivait dans une maison rouge. Tout y était rouge. Les murs étaient rouges, son père était rouge de colère et de vin rouge, sa mère était rouge d'hypertension et de médicaments, les vêtements de la petite étaient rouges. Personne ne la surveillait; elle se chaperonnait toute seule. C'est pourquoi on l'appelait le Petit Chaperon rouge.

Un jour, sa mère lui demanda d'aller porter un panier de provisions à sa grand-mère malade. La grand-mère demeurait à l'autre bout de la ville et téléphonait tous les jours pour se plaindre de ses maladies. Comme la mère courait déjà elle-même plusieurs médecins, elle envoyait de temps à autre des provisions à la grand-mère pour que la vieille puisse déverser ses jérémiades sur sa petite.

Le Petit Chaperon rouge n'avait pas peur des dangers de la ville puisque, habituée à la solitude, elle les ignorait. Elle traversait les rues et les endroits malfamés, inconsciente des dangers qui la guettaient. Elle ne voyait pas le serpent qui se cachait derrière le gentil vendeur; elle ne percevait pas le nuage d'illusions auréolant les cinémas; elle ne sentait pas la souffrance cachée par la fumée des drogues; elle ne reconnut pas plus les oreilles et le museau du violeur qui lui demandait poliment son chemin.

Avant qu'elle n'arrive chez sa grand-mère, ce même violeur-voleur avait déjà perpétré un nouveau crime. Il avait violé la grand-mère, l'avait bâillonnée et s'était déguisé avec ses hardes pour surprendre la petite à son tour.

Lorsque le Petit Chaperon rouge se présenta au logement de sa grand-mère, elle ne fit pas grand cas des différences énormes qu'il y avait entre sa grand-mère et un violeur. Elle était très naïve, très, très, très. Le mécréant fit plusieurs minauderies pour que la petite s'approche, mais lorsqu'il lui montra ostensiblement son désir de la manger toute crue, la petite cria. Elle aurait pu se sauver, se défendre ou contre-attaquer ; non, elle cria.

Au logement du dessous vivait un jeune soldat célibataire. Quand il entendit les cris, il prit son fusil, monta à l'étage, abattit le violeur et délivra la grand-mère.

Chaperon rouge fut fascinée par le beau fusil du soldat, tant et si bien que quelques années plus tard elle épousa ce dernier.

Croyez-vous qu'ils vécurent heureux et eurent de nombreux enfants ? Pas du tout ! Le soldat voulait toujours se servir de son fusil, au point que la grande chaperonne lui interdit tout contact. Il allait souvent chasser ailleurs et revenait rouge de colère. Ils n'eurent qu'une petite fille dont la grande chaperonne ne put s'occuper tellement elle était rouge de peur et de médicaments après chaque départ et chaque retour de son chasseur de mari. Alors, certains jours où il était à la chasse, pour avoir la paix, elle envoyait sa petite fille chez sa mère qui lui téléphonait tous les jours pour lui raconter ses problèmes cardiaques.

Choisir un partenaire pour sortir de l'enfer familial offre toutes les garanties pour recréer ce même enfer.

Jeanne d'Arc et le Dauphin

Originaire de la campagne, Jeanne d'Arc était d'un tempérament rêveur. Elle imaginait comme futur époux un grand avocat plaidant au plus haut tribunal du pays. Dans ses rêveries, en plein jour, couchée dans les champs, Jeanne d'Arc entendait des voix qui lui rappelaient sans cesse : « Derrière tout grand homme il y a une femme. Il te devra tout et te sera reconnaissant pour l'éternité. »

Jeanne d'Arc se rendit à la ville vêtue de ses oripeaux de paysanne. Dans cet accoutrement, les gens la prirent pour un jeune homme. Elle put ainsi s'introduire dans un amphithéâtre de la faculté de droit où elle remarqua un jeune lourdaud somnolant sur son banc. Jeanne d'Arc reconnut en lui l'homme de ses rêves et résolut aussitôt de tout faire pour lui permettre d'accéder aux plus hautes charges.

L'étudiant en question était le fils d'un grand propriétaire, et chacun savait que le fils hériterait de la fortune du père s'il remplissait une seule condition : être admis au Barreau. Pour cette raison, ses amis le surnommaient le « Dauphin ».

Jeanne d'Arc se présenta d'elle-même au Dauphin et lui proposa sans attendre de l'aider à terminer ses études de droit. Le Dauphin, surpris et méfiant, accepta tout de même cette étrange proposition, car Jeanne d'Arc était la première personne qui semblait vraiment croire en lui. L'autre aspect non négligeable de cette étrange alliance venait de ce que le père du Dauphin lui avait coupé les vivres dans l'espoir qu'il fasse seul son chemin.

Jeanne d'Arc se mit vaillamment à la tâche, cumulant trois boulots, travaillant de jour et de nuit, même durant les fins de semaine, payant le loyer, la nourriture et sacrifiant le reste de ses maigres salaires pour parer son Dauphin de beaux vêtements resplendissants. En plus de se salir les mains à des tâches exténuantes, Jeanne d'Arc trouvait le temps de combattre toutes les administrations pour permettre à son futur grand homme de recevoir la note de passage à chaque examen. Elle était même mieux armée que lui pour pourfendre les arguments des examinateurs du Barreau.

Le Dauphin aimait bien Jeanne d'Arc. Il reconnaissait son étonnante fidélité et appréciait son soutien énergique durant les longs moments d'angoisse intérieure qu'il traversait souvent. Les amis du Dauphin lui rappelaient de temps à autre que Jeanne d'Arc n'était pas du même milieu que lui, mais le lourdaud répondait qu'il n'avait pas à se plaindre d'elle jusque-là.

Pour le dernier examen du Barreau, Jeanne d'Arc s'arma de pied en cap et prépara le Dauphin tant et si bien qu'il réussit à déjouer toutes les ruses de l'aristocratie judiciaire. Le jour même, le père du Dauphin lui permit d'entrer en possession de toute sa fortune.

Sans pavoiser, Jeanne d'Arc retourna à son petit boulot en espérant secrètement que le Dauphin lui retournerait l'ascenseur. Mais les jours et les semaines passaient, et Jeanne d'Arc ne voyait presque plus le Dauphin. Celui-ci prétextait que sa nouvelle carrière de grand avocat ne lui laissait pas de répit.

Le jour où Jeanne d'Arc eut à affronter le tribunal du Travail qui l'accusait d'avoir occupé un emploi pour lequel elle n'avait aucune qualification, le grand avocat ne vint pas à la rescousse de sa femme fidèle ! Il ne voulait pas éclabousser sa brillante carrière en se mêlant d'une affaire aussi sordide.

Laissée à elle-même, son grand rêve en partie accompli, Jeanne d'Arc perdit son procès, car les juges étaient de connivence avec les amis du Dauphin. Pauvre et abandonnée, Jeanne d'Arc se consuma dans le feu des rêves d'amour déchus.

> *Rien ne sert de tant faire pour permettre à l'autre de réaliser son rêve, parce qu'à la fin nous n'en sommes pas.*

Robinson et Vendredie

Robinson avait l'âme d'un missionnaire et le tempérament d'un croisé. Tout ce qui concernait la haute culture le passionnait : métaphysique, philosophie, histoire, art, théologie, épistémologie, etc. Il était fermement convaincu que la haute culture occidentale d'inspiration judéo-chrétienne allait bonifier le monde. Il consacrait donc toute son énergie à effectuer des recherches et à produire des textes savants pour propager cette haute culture dans l'ensemble de la société.

L'intensité des activités intellectuelles de Robinson s'accroissait de jour en jour. Après des années de travail, il en était venu à se couper complètement du monde extérieur, vivant dans la bibliothèque comme un rat sur une île déserte, s'assurant un minimum de survie.

Un jour, son attention fut attirée par une grande rumeur provenant de la rue. Une foule de pauvres gens criaient et hurlaient pendant qu'ils étaient assaillis par une escouade anti-émeute. Soudain, une fenêtre de la bibliothèque vola en éclats et le corps d'une jeune femme s'écrasa aux pieds de Robinson. À son allure vestimentaire la femme ressemblait à une traînée issue des bas-fonds de l'est de la ville.

Durant quelques jours, Robinson veilla la jeune femme, la soignant et l'alimentant du mieux qu'il le pouvait. En même temps germait dans son esprit le projet grandiose d'éduquer cette jeune sauvagesse pour qu'elle devienne une grande dame imprégnée de haute culture.

Sans même lui demander son avis, Robinson entreprit de façonner la jeune femme à son image en commençant par lui donner un nom : Vendredie, du nom du jour de l'émeute. Il condescendait à consacrer quelques heures par jour à l'éducation de Vendredie, lui enseignant les raffinements du langage et les éléments de base de la haute culture.

Vendredie, étonnée et même vexée au début, en vint à accepter cette attitude étrange du professeur barbu. Elle jouissait enfin d'un toit et d'un couvert régulier sans avoir d'autres obligations que d'écouter quelques heures d'élucubrations chaque jour dans la bibliothèque. Le reste de son temps, Vendredie l'employait à explorer l'ensemble de la maison. En chantant, elle époussetait, réorganisait, redécorait toutes les pièces et les salons sauf, bien sûr, la bibliothèque qui demeurait le royaume de Robinson, taudis de la haute culture.

Les premiers temps, Robinson se plaignit des chants de Vendredie, prétextant que les airs populaires nuisaient à sa concentration. Mais les semaines passèrent, et Robinson en vint inconsciemment à goûter les accents sereins de la voix de Vendredie. Il remarqua aussi d'une façon distraite que les mets se raffinaient de jour en jour, interprétant cela comme un effet de sa bénéfique influence.

Des années s'écoulèrent dans une douce quiétude. Robinson demeurait enfermé dans son îlot intellectuel, se glorifiant des immenses progrès de Vendredie. Celle-ci profitait au maximum de la sécurité et du bien-être que lui offrait cette cache providentielle, se soumettant sans difficulté aux étranges caprices du vieux bourru.

Un jour, Robinson reçut une lettre dans laquelle on lui proposait la chaire de la Haute Culture à l'université la plus prestigieuse du pays. Robinson, exultant, traversa toutes les pièces de la maison pour annoncer la grande nouvelle de son départ à Vendredie. Sans remarquer la beauté des salons redécorés par Vendredie, Robinson lui offrit de venir avec lui; il lui dénicherait un poste d'assistante de recherche. Sans attendre la réponse, Robinson retourna rapidement empaqueter ses dossiers.

Au moment de monter dans le taxi qui le conduirait à l'université, Robinson ne trouva plus de trace de Vendredie. Parcourant toute la maison à sa recherche, il perçut soudain un grand vide. Ses oreilles n'entendaient plus les doux chants mais ses yeux s'ouvraient enfin sur la somptuosité de la demeure. Vendredie était partie, emportant avec elle la joie du simple quotidien.

Le bureau universitaire de Robinson devint une tour d'ivoire au sommet de laquelle, certains soirs étoilés, on pouvait voir un vieux barbu bourru tendre l'oreille pour saisir un chant venant des confins de la ville.

Qu'est-ce que la culture ou le raffinement s'il n'imprègne pas notre attention aux autres?

Aladin et son porte-bonheur

Il était une fois un vieil écrivain en panne d'inspiration. Chaque fois qu'il touchait à sa décoration de l'Académie, le génie de la langue lui revenait, mais cela ne lui suffisait pas ; il voulait réinventer le monde. Il eut l'idée de prendre sous son aile Aladin, un jeune écrivain, évidemment pauvre, pour retrouver à son contact le pouvoir d'imagination de la jeunesse.

Le jeune Aladin était lui aussi souvent en panne d'inspiration, mais il avait pris l'habitude de caresser une vieille lampe fétiche et aussitôt des idées de génie lui venaient. Pour permettre à son épouse de vivre un jour ses rêves de princesse, il bâtissait des châteaux en Espagne.

Le vieil écrivain voulut ravir la source d'inspiration d'Aladin. Il persuada la jeune épouse de lui donner la vieille lampe fétiche de son mari, prétextant que les manies d'enfance pouvaient nuire à la carrière d'Aladin. L'épouse refila prestement le fétiche au vieil homme, espérant ainsi que la gloire de l'illustre écrivain rejaillirait sur elle. D'ailleurs, sa jalouse exaspération quant à la manie infantile de son mari trouvait ainsi un parfait exutoire. (Que voilà chose bien dite !)

Grâce à la lampe, l'académicien recouvra son enfance et son inspiration et reprit les chemins de la gloire. L'épouse d'Aladin s'enfuit avec lui. Elle qui n'avait pas d'imagination poursuivait toujours celui qui avait la gloire.

Seul et sans fétiche, Aladin s'assombrit. Il écrivit des pièces sérieuses et sans génie qui lui permirent tout de même d'établir des contacts avec des membres de l'Académie. Grâce à ceux-ci, il localisa le vieil écrivain et son ex-épouse, subtilisa sa lampe fétiche et renoua avec ses géniaux châteaux en Espagne.

Par insouciance, Aladin accepta le retour de son épouse maintenant qu'il vivait dans la gloire de son imagination. Rien n'avait changé dans la vie du couple, sauf un léger détail : la porte de la pièce où Aladin écrivait et où il conservait tous ses souvenirs d'enfance, ce paradis de l'artiste, était maintenant toujours fermée à double tour, et la vieille lampe restait cachée. Aladin avait décidé de protéger son imagination et son enfance, face aux désirs de gloire par procuration de son épouse.

Dans un couple, les talents de l'un ne peuvent « remplir » les vides de l'autre. S'il vous manque quelque chose dans la vie, développez-le ou achetez-vous une vieille lampe. Mais ne comptez pas sur votre conjoint.

Bonnie et Clyde

Clyde n'avait jamais tiré un coup; il était impuissant. Bonnie dédaignait toute sexualité. Ils étaient faits pour s'entendre: un beau petit couple!

Ils entreprirent de monter un petit commerce de services aux banques pour les délester des profits excessifs. Comme dans tout commerce, plus ils volaient leurs clients, plus ils prospéraient. Autour de ce couple s'agglutinèrent quelques employés qui espéraient un jour copier, pour leur propre compte, la formule de leurs patrons.

Comme dans l'histoire de toute entreprise en pleine croissance, Bonnie et Clyde furent confrontés à l'obligation de faire disparaître leurs concurrents. Sans hésiter, ils se mirent à tirer dans toutes les directions: c'était une des lois inéluctables du marché.

Leur vie quotidienne était remplie de déplacements constants pour suivre les fluctuations du marché, mais ils adoraient tous deux cette vie de nomade puisque leur boulot les unissait dans une étreinte répétée et excitante. Et chaque fois qu'ils baisaient une banque ensemble, ils atteignaient la joie profonde de l'orgasme simultané.

Ce type de complicité conjugale choqua les bien-pensants de la société. Un homme et une femme ne devaient pas jouir selon eux d'une aussi grande intimité. De plus, l'expansion de leur entreprise mettait en péril les grandes banques et leur exemple risquait de faire tache d'huile. Les barons de la morale et ceux de la finance s'allièrent donc pour lancer une campagne de salissage dans les médias. Des articles bourrés de sous-entendus laissaient croire qu'une relation conjugale aussi intimement liée aux affaires devait receler quelque irrégularité. Les rumeurs lancées soutenaient que ce couple de parvenus n'était qu'une fable, car chacun savait bien qu'en amour et en affaires, travail et famille, sexe et rendement étaient des dyades irréconciliables.

Bonnie et Clyde en furent estomaqués. Une armée de contrôleurs de toutes sortes les harcelaient jour et nuit, soit pour vérifier leur bilan et les écraser sous les tracasseries administratives et fiscales, soit pour les éloigner l'un de l'autre et les étouffer de solitude comme cela se devait dans la vie conjugale.

Bonnie et Clyde résistèrent tant bien que mal, mais à la fin, épuisés et isolés, ils se résignèrent à faire éclater leur intimité devant le monde. La mort dans l'âme, ils sabordèrent leur entreprise, préférant l'union sans boulot au boulot sans union.

Des couples tentent de concilier travail et amour. La suspicion publique qui les menace risque d'entraîner encore aujourd'hui le même drame.

La Belle au bois dormant

Pour fêter la naissance de Belle, les parents invitèrent toute la parenté. Pas moyen de faire autrement, car dans cette grande famille l'habitude était de se tenir en clan. Ils faisaient tout ensemble et vivaient d'ailleurs tous dans le même quartier qu'ils occupaient complètement. Cette grande famille formait un véritable ghetto et les étrangers n'y étaient pas les bienvenus.

Donc, oncles et tantes, grands-pères et grands-mères, cousins et cousines se réunirent encore une fois, comme ils le faisaient tous les dimanches, pour fêter l'arrivée de Belle dans leur clan.

Or une vieille tante qu'on avait omis d'inviter arriva à la fin de la soirée, tout offusquée qu'on l'eût oubliée. Pour bien faire comprendre aux parents de Belle qu'ils n'avaient pas respecté la règle du clan de conserver tous les liens intacts, la vieille tante laissa entendre autour du berceau que Belle serait un jour piquée de curiosité et qu'elle quitterait le ghetto. En entendant ces mots, le clan entier fut pris d'une grande terreur. Les membres du clan décidèrent alors de s'organiser pour que jamais une telle malédiction ne se réalise. Redoublant d'efforts pour conserver les liens entre eux, ils entourèrent Belle de mille précautions durant toute sa jeunesse afin qu'elle ne soit jamais en contact avec le monde extérieur.

Le clan réussit tant et si bien dans sa tâche que la vie du ghetto devint très prévisible, très calme, très paisible, très ennuyante, endormante, quoi ! Belle atteignit ainsi ses dix-huit ans, mais elle s'ennuyait à mourir et dormait presque tout le temps.

Un jour, un jeune homme en voiture sport se perdit dans la ville et entra dans le ghetto tout à fait par hasard. Il aperçut Belle qui dormait devant un écran de télé géant et il s'approcha d'elle pour lui demander son chemin. Belle se réveilla et, piquée de curiosité, voulut accompagner le jeune homme dans sa voiture pour lui indiquer la route.

Sur le coup, toute la parenté se réveilla. Craignant de perdre Belle, chacun insista pour inviter le jeune homme à souper. Après plusieurs libations, Belle et l'étranger furent conduits devant le maire qui les maria aussitôt.

Depuis ce temps, Belle et le jeune homme font partie de la grande famille et rien de ce qui se passe entre eux n'est secret pour personne. Chaque jour, une vieille tante vient leur rendre visite.

Et la voiture sport rouille aux limites du ghetto.

« Va, quitte ton père et ta mère »... ou pourris dans un petit monde étouffant.

Le bon moment

Un couple très âgé se présente en psychothérapie pour entreprendre une démarche de divorce. Le thérapeute, un peu surpris, leur fait part de son étonnement de voir un homme de quatre-vingt-cinq ans et une femme de quatre-vingt-trois ans souhaiter une séparation après soixante ans de vie conjugale. Il leur demande donc ce qui les motive à défaire une aussi longue union.

« Voyez-vous, dit la vieille dame, notre relation fut toujours très froide et pénible, mais nous nous étions entendus pour vivre ensemble à cause des enfants. Notre divorce aurait pu les traumatiser.

— Voilà pourquoi nous avons tenu le coup si longtemps, ajouta le vieux monsieur. Mais maintenant que nos enfants sont tous morts, ce serait vraiment le bon moment. »

... jusqu'à ce que la mort vous sépare? La mort de qui?

Conjugalité électronique :
Cannelle et Pruneau

Lui, fourbu d'avoir parcouru le monde, s'écrase devant le téléviseur pour avoir des nouvelles du monde.

Elle, fatiguée d'être entre quatre murs, s'installe devant le téléviseur pour suivre des téléromans qui se déroulent entre quatre murs.

Lui regarde des matches sportifs au petit écran parce qu'il ne tient pas la forme.

Elle recherche les films de romance et de passion qu'elle a exclues de sa vie.

Lui affirme que la télé aide à combler sa solitude parce qu'elle se couche trop tôt.

Elle se plaint qu'il fait fonctionner le téléviseur durant toute la soirée.

Puis un jour, la crise éclate ! Tous deux veulent regarder au même moment une émission différente. Pour résoudre le conflit et pour retrouver l'harmonie conjugale, ils achètent un autre téléviseur qu'ils installent dans une autre pièce.

Comme chacun vit encore plus de solitude, ils passent encore plus de temps devant le téléviseur, chacun le sien. Alors survient une autre crise. Tous deux estiment que la programmation des chaînes ordinaires n'est pas assez fournie pour les intéresser constamment, de sorte qu'ils se rencontrent encore trop souvent pour s'adresser l'un à l'autre des reproches et exprimer leurs déceptions par rapport à leur passe-temps. Pour retrouver l'harmonie conjugale et la paix du foyer, ils s'abonnent au service de télé par câble, un pour chacun.

Mais les jours passent et la tension revient parce que chacun se sent frustré de rater une émission sur une chaîne pendant que joue une autre émission sur une autre chaîne. Et la crise éclate à nouveau parce que chacun croit que l'autre se plaint inutilement. Pour retrouver l'harmonie conjugale, ils achètent deux magnétoscopes. Pourquoi deux ? Pour éviter l'inévitable crise qui surviendrait le jour où tous deux voudraient enregistrer en même temps une émission différente.

Maintenant, elle et lui regardent leurs émissions et leurs reprises. Leur relation conjugale est devenue calme et remplie de confiance parce que l'expérience leur a démontré que la science électronique leur permettrait de résoudre toutes leurs crises conjugales.

À force d'acheter la paix, on récolte la solitude

Les dernières minutes

Un homme sur le point de mourir récapitulait en compagnie de son épouse les grandes étapes de sa vie.

«Je me rappelle, dit-il, mes premières expériences sexuelles. J'étais malhabile, anxieux, déçu, et tu étais auprès de moi, me tenant la main.

— Eh oui! fit-elle, esquissant un sourire.

— Je me rappelle toutes ces années où j'occupais des emplois précaires, incapable de planifier un minimum de sécurité, et tu étais à mes côtés.

— Oh oui! soupira-t-elle, esquissant un sourire.

— Je me souviens des nuits d'inquiétude et de veille quand nos enfants étaient malades, et tu dormais paisiblement à mes côtés.

— Oui, mon chéri.

— Je me souviens de mon ulcère d'estomac et de ma longue dépression, et combien tu étais toujours présente.

— Oui, dit-elle avec émotion.

— Je me rappelle ma faillite spectaculaire et ma déchéance financière et professionnelle, et tu étais toujours à mes côtés.

— Hum, hum!

— Et maintenant que je meurs, rongé par un cancer, tu es encore là près de moi.

— Oui, mon chéri.

— À bien y penser, tu m'as vraiment porté malheur!»

Une vie d'enfer conjugal a un avantage: la présence de l'autre explique tous nos malheurs.

C'étaient donc quelques-unes des histoires du musée des horreurs de la vie quotidienne. Il y a encore beaucoup d'autres couples dans notre imaginaire collectif. Pensez à Don Quichotte qui combat les pouvoirs pendant que Sancho ramasse les pots cassés. Songez à Pierrot et Colombine qui se retrouvent chacun sur une planète différente. Rappelez-vous Tristan et Iseut qui se bourrent de drogues. Regardez les couples de l'émission *Dallas* qui n'en finissent plus de faire de l'argent en se haïssant. Il y aurait aussi le Chat botté qui fonde le mariage sur l'illusion, et Le Grand Meaulnes qui fonde l'illusion sur le mariage.

Si vous êtes à court d'inspiration vous pourriez aussi puiser dans le répertoire des vieux chants populaires :

- Le petit cordonnier qui battait sa femme à coups de bâtons ;
- Ne pleure pas Jeannette, nous allons simplement pendre ton ami Pierre ;
- Ne parlez pas Lysandre, car ça fait peur aux oiseaux ;
- Isabeau s'y promène... et s'y noie.

Que faire devant tant de fourberies ? Prenez bien en main votre baguette magique et composez une histoire d'amour à votre mesure. Inventez votre vie au lieu de croire aux vies inventées. Faites les comptes de votre relation conjugale plutôt que d'en faire un conte. Que chaque jour soit une page intime de votre vie plutôt qu'un malheureux *remake* d'un vieux scénario sordide. Et surtout, mettez-y de l'humour, pas des humeurs.

Chapitre
II

L'amour

Qu'est-ce que l'amour? L'amour véritable, authentique, solide, sincère, fiable? Chacun de nous connaissons la réponse dans nos rares moments de lucidité. Et pourtant, nous proclamons tous que nous ne savons pas ce qu'est l'amour et nous cherchons partout comme si nous ne l'avions pas déjà. Les facettes de l'amour couvrent-elles un même grand amour? L'amour est-il possible? Suis-je fait pour aimer? Suis-je aimable? Y a-t-il différentes sortes d'amour?

L'amour amour

Je t'aime.

J'aime t'aimer.

Je m'aime lorsque j'aime t'aimer.

J'aime que tu sois aimable.

J'aime que tu me permettes de t'aimer.

Plus tu deviens ce que tu es plus je t'aime.

Plus je t'aime, plus je te découvre.

Plus je te découvre moins je te connais.

Moins je te connais moins je t'enferme.

Moins je t'enferme plus je t'aime.

Je t'aime follement.

Mon amour fou me rend libre de t'aimer.

Mon amour libre m'attache à toi follement.

Je me lie, je me relie à toi librement et follement.

Je t'aime pour toujours.

Je me lie librement et follement à toi pour toujours.

Quand je m'attache à toi c'est pour que tu sois libre.

Je m'attache librement et follement à ta liberté.

Je t'aime libre pour toujours.

Je t'aime librement pour toujours.

Et *vice-versa*.

L'amour cannibale

Je t'aime tellement que je te mangerais.

Je veux t'engloutir.

Je veux que tu disparaisses tellement je t'aime.

Mon amour pour toi m'est intolérable.

Je veux te manger pour te tolérer en moi.

Je suis ton amant. Tu es mon amande.

Je suis ton amoureuse. Tu es ma proie juteuse.

Je vais te manger par amour

puis je te déféquerai par amour.

L'amour besoin

Que ferais-je sans toi ?
Tu es toute ma vie.
Sans toi je ne suis rien.
Tu es ma raison de vivre, mon phare dans la nuit,
mon sang, mon âme.
Si tu meurs, je disparais.
Autrement dit, je suis un fantôme, une loque,
un zombi, et je te supplie de m'aimer.

L'amour passion

Je te désire, je te veux, je ne vois que toi.

Tu es l'objet de toutes mes pensées.

Tu es un objet et je vais me dépenser pour t'obtenir.

Prends-moi et je n'existerai plus.

Aimons-nous et disparaissons.

L'amour martyr

Pour toi je suis prêt à tout, même à mourir.

Mon amour fera tout

pour te sortir de l'enfer où tu vis

et je t'y replacerai.

Je me ferai mourir pour toi

et quand tu seras sauvé,

tu seras seul, tant pis.

L'amour copain

Je t'aime bien.

Ta présence m'est agréable.

Tu es gentil et agréable.

Tu es jolie et intelligente.

Ne t'approche pas trop.

Ne me demande rien.

Reste disponible.

Je t'aime bien.

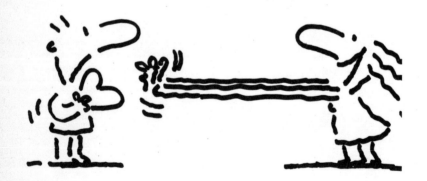

L'amour de l'amour

J'aime aimer.

J'aime toutes les formes de l'amour.

J'aime me regarder aimer.

Tu es pour moi l'occasion d'aimer.

Tu es l'objet de mon amour... mon amour objet.

Mon amour est exquis, suave, délectable

et je m'y complais.

Tout pour l'amour ; rien pour les autres.

L'amour fusion

Tu penses comme moi.

J'agis comme toi.

Nous avons les mêmes goûts.

Tu es ma douce moitié.

Tu es mon complément.

Nous formons un «beau petit couple».

Jamais nous n'aurons de conflits

et nous voterons pour le même parti.

Nous ferons des concessions

et en vieillissant nous nous ressemblerons.

Deux personnes dans une même peau,

et sans cesse des problèmes d'espace.

L'amour haine

C'est plus fort que moi, je t'aime.

Je hais cet amour qui m'envahit.

Je te hais pour cet amour qui occupe toute

ma place.

Je suis condamné à t'aimer

et je te condamne à subir mon amour.

Je n'aurai de cesse que lorsque j'aurai réussi

à t'imposer mon amour.

Je t'aime pour avoir accepté d'être la cible de

ma haine.

L'amour

Je t'aime.

Je t'aime.

Je t'aime.

Je t'aime avec mon cœur, avec ma tête,

avec mon corps.

Et mes yeux voient le monde.

Mythes et croyances sur la vie conjugale

Couple, amour, mariage, sexe, bonheur sont des réalités humaines qui prennent leurs racines dans la culture. Décrire les relations conjugales ne peut se faire sans référence aux mythes et croyances véhiculés dans notre société. Les histoires du premier chapitre abordent des facettes de ces mythes et croyances. Les séquences du deuxième chapitre mettent en évidence certains discours issus des croyances.

Nous allons examiner maintenant de manière plus directe quarante croyances actuellement à la mode. Les commentaires accompagnant chacune sont eux-mêmes subjectifs et n'ont pour but que de stimuler la réflexion sur les dangers de statuer en ce qui concerne la relation conjugale.

Certains commentaires à propos des mythes et croyances vous heurteront peut-être et vous aurez tendance à me reprocher de me fonder sur mes propres croyances. Vous aurez raison.

1re croyance :
Nous sommes ou nous avons été ou nous pourrions être un couple normal.

Il n'y a bien évidemment pas de normalité dans les relations conjugales. Chaque relation est unique et change dans le temps. Certains parlent de stades de la vie conjugale ; d'autres tentent de décrire différents types de relations, mais ce ne sont que des points de repère établis pour guider et former les thérapeutes. Ces repères ne peuvent être transformés en critères de normalité. Chaque relation conjugale est un monde en soi puisque deux personnes tentent d'y conjuger leurs besoins, leurs aspirations, leurs cultures, leur éducation, leurs émotions chacune très différente de celles de l'autre.

Un exemple simple : Est-ce normal de faire l'amour une fois par jour ? Est-ce normal de ne se quereller qu'une seule fois par semaine ? Est-ce normal d'être content quand l'autre part pour un voyage de six mois ? Est-ce normal de se désirer autant après soixante ans de vie commune ? Il n'y a pas d'autre réponse à ces questions que de dire : c'est votre normalité actuelle.

2ᵉ croyance :
Le désir sexuel est un signe évident de l'amour.

Combien de personnes se demandent si elles aiment leur partenaire alors qu'elles ne le désirent plus ! Chacun peut aimer sans désirer ou désirer sans aimer. Le désir sexuel correspond à des énergies biologiques, psychologiques et sociales qui se rapportent beaucoup plus au plaisir, à la détente, aux fantaisies, à la santé qu'à l'affection. Les difficultés conjugales à ce sujet proviennent bien plus du rythme et du contexte de désir de chacun des partenaires que de leur capacité ou non à vivre une relation affective. Il arrive souvent qu'une panne sexuelle ne soit qu'une panne sexuelle.

Par ailleurs, le désir sexuel nous amène souvent à confondre l'amour avec la passion. Cela constitue une entrée fréquente dans les scénarios décrits dans le premier chapitre.

3e croyance :
La vie conjugale met fin à la solitude.

Ceux et celles qui maintiennent cette croyance souffrent encore de solitude. La vie conjugale permet des moments de grande intimité, des périodes d'action commune, des temps de réjouissance et des temps de guerre, mais elle n'élimine pas la responsabilité qui incombe à chaque être humain de faire face à sa propre solitude. La solitude humaine s'apprivoise, mais ne se comble pas.

La solitude ne représente pas le fond du problème ; l'isolement en est une dimension pénible, car il peut être le résultat d'une punition ou d'un rejet. Dans cette perspective, la « solitude à deux » semble plus dramatique parce qu'elle est liée à une relation « méritée ou espérée ».

« Nul n'est une île » bien sûr, mais chacun est une presqu'île, et la solitude fait partie du décor même si la presqu'île est reliée au continent de l'amour.

4e croyance :
L'indépendance de chacun est essentielle
à la survie du couple.

La grande mode de l'autonomie personnelle nous a conduits à croire que la vie conjugale devait permettre et favoriser l'indépendance de chacun des partenaires. Indépendance émotive, sociale, financière, morale, etc. À force de proclamer son indépendance, chacun s'isole dans un tourbillon d'activités visant une hypothétique autosuffisance.

L'autonomie personnelle n'est pas synonyme d'indépendance. L'autonomie se rapporte à la capacité de gérer ses relations d'interdépendance. Tous les êtres humains dépendent les uns des autres à différents degrés dans tous les domaines de la vie. Dans la relation conjugale, chaque personne autonome négocie, modifie, invente des façons de vivre l'interdépendance affective, sociale, quotidienne. L'autonomie n'est pas l'indépendance, mais bien la souveraineté-association... dans la vie conjugale. Chaque personne adulte décide souverainement de la façon dont elle vivra ses associations d'interdépendance.

5e croyance :
Il n'y a aucun moyen de changer le caractère de notre conjoint.

Il existe un moyen très efficace, radical et pourtant peu utilisé : changer notre propre caractère. Lui se plaint qu'elle le materne, mais il continue de faire l'enfant. Elle se plaint qu'il prend tous les pouvoirs, mais elle continue de jouer à l'esclave. Lui voudrait qu'elle sorte de son état dépressif, mais il continue de se percevoir sans faille. Elle l'implore pour qu'il exprime enfin ses émotions, mais elle ne pourrait vraiment les écouter.

La plupart du temps, notre conjoint réagit comme le partenaire idéal pour nous permettre de conserver ou d'excuser nos propres faiblesses.

6e croyance :
Dans tous les couples, l'un des deux conjoints aime plus que l'autre.

La personne qui croit aimer plus intensément qu'elle ne reçoit joue le jeu de la comparaison quantitative. L'amour est-il histoire de mesure ? « Je t'aime plus que tu ne m'as jamais aimé. » Que de prétentions et d'accusations ! Que de haine !

« Je t'aime pour deux. » Que d'orgueil ! Que de négation de l'autre !

Entendre une telle phrase sans broncher, c'est être près de l'amour véritable.

7e croyance :
L'amour est la base de la vie à deux.

Que fait-on ainsi de l'estime, de la complicité, de l'admiration, de la tendresse, du plaisir, de l'amitié, du respect, de la solidarité, de la spiritualité, de la joie ? Toutes ces composantes sont importantes. À la base de la vie à deux, il y a la réciprocité. La possibilité de partager un lien profondément humain avec une autre personne constitue le fondement du couple. Lorsque deux personnes en arrivent à apprécier mutuellement les richesses de l'autre, leur couple s'épanouit sur une base solide.

8e *croyance:*
L'amour véritable comble nos besoins affectifs.

«Que serais-je sans toi?» (Je serais moi.) «Tu es toute ma vie.» (Je n'en mène pas large.) L'amour nous remplit de joie, mais il y a aussi l'amitié, la camaraderie, la parentalité, la filiation, la fraternité, la sororité, la citoyenneté, le jeu, le travail, etc. L'amour peut être au centre de notre vie, mais notre vie s'étend bien plus loin que son centre.

9e *croyance:*
Les difficultés conjugales proviennent
d'un manque d'amour.

La plupart du temps, non. Un couple peut manquer d'imagination, de moyens, de soutien, d'expérience, de repères, d'espace, de temps. Avant de faire le procès de l'amour, je préfère explorer toutes ces dimensions.

10e *croyance:*
L'amour est assez fort pour abolir toutes
les difficultés.

L'amour semble être la source où chacun puise l'énergie nécessaire pour surmonter les difficultés, mais il faut aussi que cette énergie soit orientée, soutenue, outillée, disciplinée pour qu'elle atteigne son but.

11e croyance :
Le mariage restreint la liberté de chacun.

La liberté réside dans la capacité de choisir et d'assumer la suite et les conséquences de ses choix. Un vrai mariage constitue un des plus grands gestes de liberté de l'être humain.

12e croyance :
Les couples heureux n'ont pas d'histoire.

Mais si, les couples heureux pourraient vous raconter leur histoire faite d'espoirs, de promesses, d'engagements, de déceptions, de silences, de maladresses, de pardons, de fêtes, de recherches, d'angoisses et de retrouvailles, de passions, de misères et de joies. Peut-être ne les écouterions-nous pas longtemps.

13e croyance :
Les différences entre les femmes et les hommes sont la cause première des difficultés conjugales.

Les différences permettent l'attrait, le partage, la découverte, l'enrichissement de l'expérience humaine. Ce sont plutôt nos ressemblances qui posent un problème. Nous avons les mêmes peurs, les mêmes besoins, la même sensibilité, les mêmes manques, les mêmes aspirations quant à la vie et à l'amour.

14ᵉ croyance :
L'agressivité entre conjoints dénote la pauvreté de la relation.

Des paroles agressives indiquent plutôt une peine, une limite, une peur, un manque de moyens, une fatigue. Si les conjoints n'arrivent pas à décoder cette agressivité, la violence verbale et physique n'est pas loin. Lorsque l'agressivité s'exprime, la relation est intense et peut, par les moyens appropriés, déboucher sur l'expression d'une douleur ou d'une tristesse que l'autre gagnera à entendre.

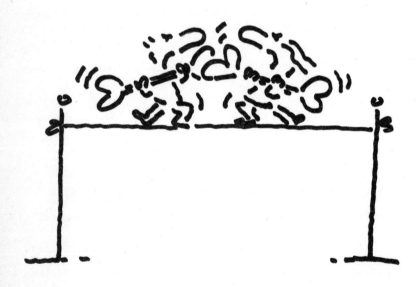

15e croyance :
Un enfant renforce le lien conjugal.

Un enfant nous engage dans l'expérience de la maternité et de la paternité. Les deux parents tentent aussi d'établir et de cultiver une complicité entre eux pour le bien-être de l'enfant. Mais cette dynamique peut se vivre aux dépens ou à l'encontre du lien conjugal. La venue d'un enfant ne renforce pas d'emblée le lien conjugal ; elle invite plutôt à renforcer ce lien. Ne pas se séparer à cause des enfants demeure un faux prétexte. Les enfants bénéficient d'un lien amoureux entre leurs parents, mais ils subissent aussi les effets négatifs d'un couple qui se ment à lui-même.

16e croyance :
Un enfant peut devenir le confident
d'un parent.

Le parent qui confie ses déboires conjugaux à son fils ou à sa fille, quel que soit l'âge de l'enfant, établit une relation qu'on pourrait qualifier d'inceste psychologique. Nos enfants ne seront jamais nos amis. Ils n'ont pas non plus à comprendre nos difficultés conjugales et encore moins à les juger ou à prendre parti. Nos enfants, même à l'âge adulte, demeurent nos fils et nos filles ; ils ne sont pas nos confesseurs, nos confidents, nos amis. La relation conjugale est déjà assez complexe sans que nous y ajoutions un troisième joueur qui dépend affectivement de nous.

17e croyance :
Les beaux-parents peuvent aider à surmonter
une difficulté conjugale.

Les beaux-parents peuvent remplir un seul rôle : grands-parents. Comme les enfants, les grands-parents n'ont rien à faire dans la relation de couple. Celle-ci demeure à la fois si fragile et si exigeante sur le plan affectif et émotif que des partenaires familiaux liés eux aussi par les mêmes affections et émotions risquent seulement d'embrouiller encore plus la situation. Parenté et enfants peuvent reconnaître le couple, le célébrer, lui offrir un soutien, mais en évitant toujours de s'immiscer dans la vie des deux conjoints.

18e croyance :
La solution des difficultés conjugales réside
dans la communication et le dialogue.

Si tu m'écrases le pied avec ton soulier, le dialogue n'y fera rien tant que tu n'enlèveras pas ton pied. Si tu ne t'es pas lavé depuis un mois, la communication ne changera rien à l'odeur. La communication n'a jamais fait le ménage ni préparé un repas. Le potentiel du dialogue est très restreint durant les rapports sexuels ou au cours d'une période de souffrance physique. Le dialogue permet au couple de faire l'inventaire de ses forces et de ses faiblesses, mais il ne peut remplacer l'action.

19e croyance :
Refuser une demande dénote un manque d'amour.

Dire «non» à son conjoint signifie : je t'aime et je te respecte tellement que je préfère te dire la vérité et refuser d'acquiescer à ta demande quand je n'en ai pas envie ou quand je n'en ai pas la possibilité. Il y a tellement de situations dans la vie qui ne nous laissent pas le choix, tellement de circonstances où nous devons céder ou faire des concessions. Pas de ça entre nous, mon amour.

Le droit de dire « non » permet à chacun de formuler toutes les demandes qu'il veut sans craindre d'abuser de l'autre puisque l'autre peut toujours refuser. Essuyer un refus n'est pas drôle, mais un «ouais, ouais» qui veut dire non est pis encore.

20e croyance :
Mieux vaut garder secret ce qui pourrait faire de la peine à l'autre.

Il me semble qu'un des fondements de l'amour est la vérité. «La vérité vous rendra libre», disait Jésus. Dire la vérité permet à l'autre de savoir, de faire face, d'intervenir. Garder secrètes les choses qui concernent l'autre ne fait qu'établir une distance qui, avec le temps, devient un gouffre difficile à franchir.

21e croyance:
L'amour vient gratuitement; on ne peut le demander.

Bien sûr l'amour s'offre gratuitement; ce qui n'empêche d'aucune façon la demande d'amour ou les demandes des formes d'expression de l'amour. Tu ne peux deviner quand et comment j'ai envie de caresses. Si je ne le demande pas, je risque de ne jamais obtenir ce dont je rêve.

22e croyance:
À force de vivre ensemble chacun connaît l'autre.

Connaître veut dire: naître avec. Chacun de nous change durant sa vie et sur tous les plans. La vie implique le changement. Même les montagnes changent. Connaître son conjoint suppose qu'on accepte de naître avec lui à tous ses changements. Connaître son conjoint suppose aussi qu'on lui permette de naître avec nous à tous nos changements.

23e croyance:
Avec de la bonne volonté des deux parties, le couple peut franchir tous les obstacles.

Dans les relations humaines, le risque du procès d'intention menace à tout moment. Qui est motivé ou pas ? Qui a de la bonne volonté ou pas ? Disons simplement que tous les êtres humains veulent régler leurs difficultés et qu'ils ont en même temps très peur de la nouveauté. Un couple peut franchir les obstacles à condition de découvrir des options qui apprivoiseront leur peur du changement. Une aide extérieure, un exemple, une image, une idée, une occasion offerte peut grandement activer l'énergie de la bonne volonté qui, à mon avis, ne demande qu'à se manifester.

24e croyance :
Le conjoint le moins sensible a plus de pouvoir sur la relation.

D'abord, tous les êtres humains sont très sensibles. Ils ont plutôt des manières différentes de manifester leur sensibilité.

Ensuite, à mon avis, c'est la question du pouvoir qui empoisonne les relations humaines. Nous sommes tous interdépendants les uns des autres. Le critère « pouvoir » nous oblige à décrire nos relations selon des rapports de force qui nous conduisent à des combats. Dans la relation conjugale, chacun a le pouvoir que l'autre lui reconnaît, c'est-à-dire le pouvoir de se présenter tel qu'il est et d'agir selon ses possibilités.

Le pouvoir déforme la perception de la complexité des relations humaines, et en particulier de la relation d'amour.

25e croyance :
Chacun doit faire la moitié du chemin.

Un homme m'a déjà confié que, pour être sûr d'avoir fait au moins la moitié du chemin, il se rendait jusqu'aux trois quarts.

26e croyance :
Le partage des tâches permet l'entraide conjugale.

Rien ne sert de partager les tâches si l'un des deux est appelé à superviser l'autre. Je peux accomplir adéquatement les tâches dont j'ai la responsabilité et non celles que tu m'assignes ou pour lesquelles tu me dictes la façon de faire. Un couple peut négocier le nombre de tâches et la manière dont elles seront effectuées, mais aucun des conjoints ne peut s'ériger en superviseur des responsabilités de l'autre sans courir à la catastrophe. La meilleure façon de permettre à l'autre d'assumer ses responsabilités consiste à ne pas les assumer à sa place. Il n'y a plus, dans notre société, de normes sexistes, rigides, pour le partage des tâches. À chaque couple de négocier et de renégocier ce partage en tenant compte des possibilités, des intérêts et des obligations de chacun.

27e croyance :
Un des deux parents est meilleur dans l'éducation des enfants.

La croissance d'un être humain demeure un phénomène si complexe, si fragile et si mystérieux qu'il serait bien prétentieux de croire que quelqu'un en connaît la formule. Mieux vaut une bonne dose d'humilité entre parents puisque, si nous nous attribuons le mérite de la réussite de nos enfants, nous devrons forcément reporter sur l'autre parent les échecs inévitables de tous les enfants du monde.

28e croyance :
Si un conjoint évolue sans l'autre, il met le couple en péril.

Si je t'aime, je t'aime comme tu deviens, et si tu m'aimes, tu m'aimes comme je deviens. Si nous nous perdons de vue, est-ce une question de distance ou une question de regard? Si j'ai grandi, c'est aussi grâce à toi. Si je ne le reconnais pas, c'est que je n'ai pas grandi.

29e croyance :
Il ne faut pas embêter notre conjoint avec nos histoires de travail.

Si je ne te parle pas des trois quarts de ma vie active, de quoi te parlerais-je?

30ᵉ croyance :
Le travail est fatigant, et la vie familiale devrait être un havre de paix.

Déménagez sur la lune ! Si vous voulez des moments de paix, préparez-les soigneusement.

31ᵉ croyance :
Les conjoints doivent être d'accord sur toutes les choses importantes.

Le seul accord qui me semble important consiste à reconnaître que nos désaccords n'ont rien à voir avec notre amour.

32ᵉ croyance :
Un couple qui s'aime n'a pas besoin de faire un budget.

Un couple qui s'aime a besoin de tous les moyens possibles pour organiser sa vie d'une manière intelligente. Le budget demeure un moyen efficace et concret de répartir les responsabilités selon les capacités de chacun. De plus, le budget commun ne devrait pas empêcher que chaque conjoint ait un compte bancaire personnel sur lequel l'autre n'a pas prise. Même en amour, surtout en amour, il faut un espace individuel où chacun peut respirer à sa guise. Le budget organise ce principe de manière très concrète. La mise en commun conjugale ne suppose pas que tous les revenus et toutes les dépenses relèvent de la communauté. La négociation d'un budget fait atterrir les grandes intentions. Les négociations peuvent être difficiles, mais combien plus saines que les grandes déclarations générales.

33e croyance :
La séparation est nécessairement un échec.

J'ai connu des couples dont les partenaires se sont vraiment aimés après des années de séparation. J'ai connu des couples pour qui la séparation fut une chance, une bénédiction pour chaque conjoint. J'ai connu des couples qui s'engueulent encore chaque semaine après des années de séparation. La séparation constitue une étape dans la vie de chaque conjoint : elle ne peut être considérée ni comme un échec ni comme une solution.

34e croyance :
Des conjoints peuvent connaître une incompatibilité de caractère.

Des machines, des ordinateurs peuvent être incompatibles, pas des humains. Lorsque nous vivons des difficultés avec quelqu'un, ses actes et ses attitudes nous invitent à dépasser nos peurs et à reconnaître nos limites. Chaque personne pourra vous confirmer que son caractère change en fonction des situations et des personnes en présence.

35e croyance:
Un problème grave chez un enfant provient d'un problème grave entre les parents.

Les parents ont la tâche d'aider leurs enfants quand ils ont des difficultés, mais ils ne sont pas toujours responsables de ces difficultés. Un enfant grandit sous plusieurs influences; les parents sont les plus importants, mais ils ne sont pas les seuls. Un couple peut vivre des difficultés sans que les enfants en paient le prix. Un enfant peut vivre des difficultés sans que le couple soit en cause.

36e croyance:
Les chicanes conjugales portent toujours sur des détails.

En situation de mal-être, un couple arrive très rarement à mettre le doigt sur un problème fonda-mental. Le stress et le malaise se manifestent plutôt à propos de «détails» qui apparaissent secondaires ou superficiels, au moins aux yeux de l'un des conjoints. Tous ces «détails» symbolisent les différences d'éduca-tion, de culture et de perception de la relation. Un drapeau national n'est qu'un simple morceau de tissu, mais des gens sont prêts à mourir pour ce petit drap de couleur, parce qu'il symbolise l'existence même de leur pays. De même en est-il de la vie quotidienne. Certaines personnes peuvent faire la guerre à leur conjoint pour une photo, une assiette, une serviette, parce que ces objets symbolisent au fond leur propre existence, leur manière de vivre, leur intégrité. Les «détails» n'existent que dans la perception de l'autre ; en réalité, un couple est formé de deux personnes vénérant chacune une multitude de drapeaux différents.

37ᵉ croyance :
Le bonheur conjugal est possible.

L'entente parfaite, continue, débordante de tendresse pendant cinquante ans constitue un beau rêve que la vie quotidienne a vite fait de briser. Nous ne sommes pas des dieux, mais des êtres humains bourrés de limites et de faiblesses.

Pourtant, le bonheur conjugal existe, puisque des couples se donnent le droit de continuer à rêver ensemble, même dans les pires moments de détresse : l'intensité des émotions des conjoints qui se tiennent la main au chevet d'un enfant mourant ; la douce tristesse de conjoints qui se demandent mutuellement pardon ; la tendresse immense de conjoints qui se disent adieu ; le rire éclatant d'un couple qui se retrouve après une tempête ou une guerre. Le bonheur conjugal me semble tissé d'un long fil gris parsemé de perles de joie.

38e croyance :
Après plusieurs années ensemble, les grands changements sont impossibles.

Changer après vingt ans d'enfer suppose la reconnaissance qu'on aurait pu faire ce changement avant. Plusieurs personnes se croient coupables d'avoir attendu si longtemps avant d'opérer un changement majeur dans leur vie. Je leur réponds : « Ce n'est pas parce que vous avez fait une connerie pendant vingt ans qu'il faut la répéter pendant les vingt prochaines années pour vous punir des vingt premières. » Si vous voulez vous punir ou punir votre conjoint, je connais des moyens très étranges, mais très efficaces et très rapides, qui vous permettront de passer ensuite à autre chose. Voici trois exemples :

1. Des conjoints se reprochent mutuellement d'avoir tout fait pour l'autre sans jamais prendre soin de soi pendant trente ans.

   Punition : Pendant trente jours, se relier par une corde au poignet à tous les moments (jour et nuit) où ils sont ensemble à la maison.

2. Une épouse accuse son mari d'avoir eu une aventure voilà quinze ans. Lui jure que c'est fini depuis quinze ans et qu'il l'aime vraiment. Elle ne veut pas le croire.

   Punition : Pendant quinze semaines, il devra porter des caleçons (ou des boxers) aux couleurs criardes ou à l'imprimé ridicule qu'elle aura choisis. Aucune relation sexuelle pendant ces quinze semaines.

3. Un mari est, depuis dix ans, constamment jaloux des fréquentations masculines de son épouse; elle ne lui a pas toujours dit la vérité pour ne pas intensifier sa jalousie.

Punition: Faire tous les deux pendant un mois un rapport journalier écrit de tous les contacts qu'ils auront, avec la signature des gens rencontrés.

39e croyance:
Le meilleur de la vie conjugale se vit au début.

Cette croyance dénote soit une déformation de la mémoire, soit une incapacité à observer le moment présent. Vieillir et vieillir ensemble peut être une expérience magnifique quand le désir, la passion et la tendresse se basent sur le perfectionnement des apprentissages accumulés plutôt que sur la fougue malhabile de la naïveté.

40e croyance:
Deux adultes matures n'ont pas besoin d'un tiers pour régler leurs problèmes.

Si tel est votre cas, tant mieux pour vous. Mais dans le cas contraire, avant de noyer votre existence et celle de ceux qui vous sont chers dans une grande vague d'affirmation pseudo-indépendante, consultez un professionnel. Et si ça ne fonctionne pas, consultez-en un autre.

Toutes ces croyances, et la liste n'est pas complète, dérivent de la culture ambiante, de notre éducation. Elles peuvent empoisonner notre vie et nos amours. N'avons-nous pas d'expériences à raconter qui les confirment? Il ne s'agit pas d'avoir tort ou raison à propos de ces croyances, mais bien de constater qu'une idée qui nous empêche de vivre et d'aimer n'est pas une bonne idée.

« Nous avons un sérieux problème de communication, monsieur le thérapeute. Mon conjoint refuse d'exprimer ses émotions. Depuis des années, je tente de le faire parler ; je lui pose des questions ; je lui demande de raconter quelque chose. Mais, comme tous les hommes je suppose, il est incapable de communiquer. Et les rares fois où il parle, il utilise un vocabulaire tellement inapproprié que je suis obligée de le corriger pour qu'il parle d'une façon acceptable. Je l'ai toujours connu comme cela. Il s'exprime tellement peu que, souvent, je me demande s'il m'écoute même. Il doit vivre un blocage psychologique très profond, et c'est pour cette raison que je vous l'amène. Je vous en prie, faites quelque chose pour améliorer notre communication conjugale, car moi je ne suis plus capable de subir constamment cette solitude verbale. J'ai besoin d'avoir un mari avec qui je peux parler de ce que je vis. Mais aussi longtemps que j'aurai l'impression d'avoir affaire à un mur sans émotion, il me sera très difficile d'accepter de

continuer à faire des efforts pour amorcer le dialogue. Son père ne parlait pas non plus, et j'en ai souvent longuement discuté avec ma belle-mère.

Se peut-il que cette attitude de refus du dialogue soit génétique? Je tiens à avoir votre avis là-dessus, parce que j'ai déjà lu, dans une revue française, que certains hommes, pour ne pas dire la plupart, auraient une tendance biologique à inhiber leurs sentiments et aussi une difficulté à intégrer dans leur vocabulaire des mots capables de soutenir un dialogue affectif. Si c'est le cas, notre intimité risque de souffrir encore longtemps de ce handicap, car je me demande si tout ce blocage ne s'applique pas aussi aux oreilles. Plusieurs fois, je dois lui répéter les informations nécessaires à la vie quotidienne, comme s'il n'enregistrait pas les besoins les plus élémentaires que je lui exprime. Et même si tous mes efforts ont jusqu'ici rencontré son mur d'indifférence, je garde espoir qu'avec votre aide...»

«Nous avons un sérieux problème de communication, monsieur le thérapeute. Mon épouse n'arrive pas à exprimer clairement et logiquement ses idées. Dans les rares occasions où elle prend la parole, son discours est tellement irrationnel que je n'arrive pas du tout à saisir. Je crois qu'elle vit une phase avancée de dépression chronique. C'est pourquoi je vous l'amène afin que vous l'aidiez à remettre ses idées en place, à prendre la maîtrise d'elle-même pour qu'ensuite nous puissions avoir ensemble des conversations intéressantes et intelligentes sur les grands débats de l'heure et sur les problèmes qui affectent notre planète tout entière, au lieu d'en rester à de vagues élucubrations sur des émotions

furtives qui empêchent de trouver des solutions logiques à nos petites difficultés quotidiennes. J'ai souvent tenté de faire comprendre à mon épouse que si elle appliquait son intelligence à bien saisir mes explications, nous trouverions aisément un terrain d'entente. Mais ses reparties sont bourrées de contresens et de syllogismes si simplistes qu'il devient difficile pour moi de continuer à investir dans un dialogue qui ne mène nulle part. Je m'attends donc à ce que vous trouviez des moyens pour lui permettre de reprendre ses esprits et de délaisser ce langage infantile dans lequel elle semble s'être irrémédiablement enlisée. Est-ce clair ? »

Chapitre
IV

Sortir des enfers

Vous vivez un enfer conjugal ; restez-y... encore un moment. Quand nous faisons face à une difficulté majeure, mieux vaut en reconnaître les avantages avant de choisir d'en sortir. Un problème de vie sert à quelque chose. Nous ne sommes pas assez idiots pour vivre un problème sans qu'il nous serve de quelque façon. Reconnaître les aspects utiles d'une difficulté nous permettra d'en goûter les avantages tout en échappant à ses inconvénients.

À quoi sert un problème conjugal ?

Question étrange et pourtant signifiante. Les conjoints n'ont jamais choisi volontairement de vivre des difficultés. Cependant, celles-ci surgissent et perdurent sans que ni l'un ni l'autre n'en voient les causes et les effets. Les deux se centrent sur les douleurs ou les inconvénients, mais chacun refuse plus ou moins consciemment d'en reconnaître les avantages.

1er avantage

Un problème conjugal permet à chacun de se définir par rapport à l'autre, de se donner un rôle de sauveur, de victime ou de persécuteur. Lorsqu'une personne ne veut pas ou ne peut pas se reconnaître ou s'affirmer telle qu'elle est, elle a tendance à se définir par rapport à une autre. Un problème conjugal nous permet d'éluder la découverte de notre identité en nous obligeant à jouer un rôle mélodramatique en lien avec l'autre. Une difficulté dans une relation distribue des masques aux acteurs; ceux-ci oublient la richesse de leur personnalité pour ne jouer qu'un petit rôle très restreint.

2e avantage

Un problème conjugal permet à chacun de se protéger; nul besoin de vivre l'exigeante intimité parce que les deux s'occupent à vivre le problème. Certaines personnes préfèrent vivre une difficulté de relation plutôt que de se laisser aimer. D'autres personnes optent pour un problème plutôt que de manifester leur amour. Aimer et être aimé signifie devenir vulnérable; mieux vaut, pour plusieurs personnes, se cacher derrière un problème plutôt qu'être vulnérable.

3e *avantage*

Un problème conjugal permet d'obtenir la reconnaissance de l'autre. Si nous ne savons pas comment envoyer des fleurs et dire des mots doux, nous pouvons remplacer cela par des cris et des pleurs. Au moins, de cette façon, il se passe quelque chose ; nous obtenons de la reconnaissance, négative, certes désagréable, mais qui permet à l'autre de confirmer notre existence, de nous reconnaître.

Un jour, un couple m'a demandé de l'aider à arrêter ses chicanes incessantes. À la grande surprise des conjoints, j'ai refusé. S'ils mettaient fin à leurs chicanes, il n'y aurait plus rien entre eux puisqu'ils ne faisaient que cela. Je leur ai proposé d'apprendre à rire ensemble. Plus ils auraient de plaisir ensemble, moins ils auraient de temps pour se disputer.

4e *avantage*

Un problème conjugal sert aussi à se rebeller et à punir l'autre. Je peux croire, à tort ou à raison, que l'autre m'a menti ou trahi ou vexé, alors je transforme ma façon d'être avec l'autre pour le ou la punir. Tout cela peut se faire avec ou sans préméditation, mais les enfants connaissent bien cette tactique qui consiste à faire souffrir l'autre pour qu'il comprenne combien il nous a fait souffrir.

5e *avantage*

Un problème conjugal peut aussi servir à gérer nos peurs. Nous préférons quelquefois avoir peur d'un drame dont nous connaissons toutes les étapes puisque nous l'avons vécu souvent. Cette dynamique ressemble à celle suivant laquelle une personne choisit de regarder un film d'horreur pour avoir peur tout en sachant que ce n'est qu'un film. J'ai peur de vivre avec toi, mais je préfère vivre avec toi plutôt que d'avoir peur de vivre.

6e avantage

Un problème conjugal permet de confirmer nos croyances. Dans les petites histoires du premier chapitre, chaque personnage véhicule des croyances sur les relations humaines. De même dans nos vies réelles, nos difficultés de relation confirment ce que nous croyons ou ce qu'on nous a fait croire à propos des relations. Plusieurs de ces croyances ont été abordées dans le chapitre précédent. Un problème vécu nous permet de dire : « Tu vois, c'est bien ce que je pensais qui s'est produit ! »

7e avantage

Un problème conjugal est aussi fort utile pour détourner l'attention d'autres difficultés encore plus grandes. Il n'est pas rare de voir un couple se déchirer alors que chaque partenaire vient de perdre son emploi.

Bref, si les difficultés conjugales ne sont ni plaisantes ni volontaires, elles comportent quand même des avantages. Avant de régler un problème, il faut regarder d'abord ce que le problème règle.

Comment régler un problème conjugal ?

Il importe d'abord de prévenir les personnes intéressées qu'il n'y a pas de solution miracle, et pourtant, la solution se vit la plupart du temps comme un miracle. La créativité et l'humour sont ici les invités d'honneur. Les conjoints qui réussissent à sortir des enfers reconnaissent qu'il leur a fallu du temps, de l'énergie, de la volonté, mais aussi et surtout, une pincée de belle folie, un temps magique de risque pour faire chanceler leurs croyances et pour s'ouvrir à un monde plus grand.

Pour illustrer cette dynamique de changement, voici les histoires vraies de quelques couples qui vécurent des temps de folie, de changement, de miracle, et dont je fus témoin.

Fernande et Julien

Fernande et Julien vivaient une difficulté sexuelle majeure : elle n'avait plus du tout envie de faire l'amour et il avait toujours éjaculé de façon précoce. Pourtant, Fernande et Julien s'aiment et souffrent beaucoup de cette gêne sexuelle. Pour eux, faire l'amour représente un geste d'intimité capital, sérieux, important. Ils sont parents de deux adolescentes.

Après quelques séances de thérapie, Julien en arrive à contrôler son éjaculation, mais Fernande est découragée ; elle n'a même plus envie des caresses.

Je leur suggère de s'enfermer dans leur chambre à double tour (pour que les filles ne les dérangent pas) et nus, face à face, de sauter sur un vieux matelas installé par terre durant au moins deux minutes.

Ils furent abasourdis par la suggestion, mais quelques jours plus tard ils s'exécutèrent. Lui, quarante-huit ans, bedonnant, presque chauve, pas en forme, sautait lourdement en surveillant sa montre. Elle, quarante-quatre ans, mince, craintive et gênée, sautillait de façon crispée. Il éclata de rire. Elle lui demanda pourquoi. Il répondit qu'ils étaient vraiment tous les deux dans une position ridicule. Elle éclata de rire à son tour.

Toujours en riant, ils commencèrent à se caresser. C'était la première fois qu'ils riaient ensemble, nus. Leurs croyances précédentes faisaient de cette intimité une rencontre sérieuse et lourde. À présent, ils ne goûtaient que le plaisir et la joie d'être ensemble. Elle lui dit alors, pour la première fois depuis dix ans : « Julien, j'ai envie de toi. » Ils pleurèrent ensemble de joie, s'endormirent ainsi et firent l'amour le lendemain matin.

Le jeu, le rire permettent souvent à un couple de transformer ses enfers quotidiens en paradis de joie. Il n'est pas nécessaire d'avoir un vieux matelas et de sauter dessus. Vous pouvez aussi jouer avec des petits bateaux dans la baignoire, ou souper sous la table, ou jouer à la cachette dans la garde-robe, ou vous déguiser avec les vieux vêtements de l'autre. Informez-vous cependant au préalable si les règlements municipaux interdisent de tels comportements dans votre quartier.

John et Mary

Entre John et Mary, c'était la guerre totale. Vingt-six ans, deux jeunes enfants, drogue, vols, prostitution, alcool. Tout y était, des deux côtés. Ils étaient très violents l'un envers l'autre : coups, menaces et tentatives d'homicide à plusieurs reprises de part et d'autre. Un juge de la protection de la jeunesse leur prescrivit une psychothérapie.

Tous les deux reconnaissent que c'est la guerre, qu'ils en sont las, épuisés, mais chacun croit que les plus grands torts relèvent de l'autre. Le thérapeute leur signale qu'à la fin d'une guerre, l'habitude est de punir les traîtres des deux parties en leur rasant le crâne. Comme ils veulent mettre un terme à la guerre et qu'ils reconnaissent eux-mêmes leur propre traîtrise envers l'autre, ils devront se faire complètement raser la tête et apporter leurs cheveux coupés dans un sac à la prochaine entrevue.

John et Mary arrivèrent tout penauds, la tête rasée, portant chacun un petit sac à la main. Le thérapeute leur indiqua alors un endroit au sommet d'une montagne où ils devaient creuser un trou, y brûler leurs cheveux en signe de purification et enterrer les cendres pour mettre fin au passé, puis en se tenant la main, regarder la ville qui s'étend au pied de la montagne pour choisir ensemble quel quartier ils voudraient habiter dans l'avenir.

John et Mary remplirent avec réticence cette prescription. Ils revinrent à la troisième entrevue en demandant ensemble timidement et avec émotion que le thérapeute les aide à apprendre à vivre en paix.

Se raser la tête et enterrer des cheveux brûlés, c'est fou, mais menacer l'autre avec un fusil ou un couteau, c'est stupide, dangereux, violent, criminel et maladif. Sortir d'un enfer conjugal suppose souvent le recours à des moyens aussi étranges que le degré de misère dans lequel le couple s'est placé. La communication et le dialogue ne sont rien sans des actes de réparation.

Hélène et Paul

Hélène et Paul se plaignaient l'un et l'autre d'un manque d'attention. Leur carrière et leurs loisirs respectifs provoquaient une tension constante : chacun reprochait à l'autre de ne pas lui consacrer assez de temps et d'attention. Les enfants devenaient un sujet quotidien de mésentente, chacun croyant que l'autre risquait de les retourner contre lui.

Hélène et Paul ne s'étaient pas mariés. Ils croyaient tous deux que l'amour suffisait à deux adultes et que papiers et conventions ne changeraient rien. D'ailleurs, disaient-ils, dans la situation désespérante actuelle, mieux vaudrait songer à une séparation pour ne pas continuer de s'infliger un enfer mutuel.

Une proposition leur est faite : s'offrir l'un à l'autre un petit anneau à porter au petit doigt de la main droite pour symboliser toute la peine qu'ils se sont donnée à protéger l'espace et l'indépendance de l'autre.

Ils le firent, trouvant cela insignifiant, puis insuffisant. Trois mois plus tard, ils m'invitaient à leur mariage.

Dans un couple, l'amour et la bonne volonté doivent être marqués de petits signes quotidiens pour rappeler le choix et le projet communs. Le respect de soi et de l'autre exige entre autres choses que les objectifs de la relation soient constamment rappelés. Comment construire un projet dans le tumulte de la vie lorsque la base du projet n'est qu'un souhait sans référence concrète ? Le drame n'est pas que les conjoints oublient leurs promesses, mais bien qu'ils ne s'en fassent pas.

André et Colette

André et Colette se disputaient sans cesse pour tout et pour rien. Pas d'éclats de voix, mais des arguments à n'en plus finir pour savoir qui aurait raison. La seule solution qu'ils envisageaient était de ne plus se parler.

Comme l'un et l'autre ne pouvaient que baragouiner en anglais, je leur proposai de ne se parler qu'en anglais. Les discussions furent très courtes et ils décidèrent de s'inscrire ensemble à un cours de danse pour faire autre chose que de se parler.

Diane et Thomas

Diane et Thomas s'ennuyaient. Les enfants avaient quitté la maison. Diane était empêtrée dans son train-train, et Thomas passait un temps fou à regarder le football à la télévision.

Un jour, Diane s'assit à côté du téléviseur et regarda Thomas regardant le football. Maintenant, ils jouent à la pétanque et se sont fait des amis.

Sylvie et Norbert

Sylvie s'était saignée à blanc pour permettre à Norbert de devenir avocat, et celui-ci s'était tué à la tâche pour offrir à Sylvie et aux enfants tout ce dont ils avaient besoin. Plus personne ne se parlait dans cette maison où les téléviseurs régnaient en maîtres.

Je leur prescrivis de mettre chacun, chaque soir, dans une coupe posée sur le téléviseur débranché une goutte de leur sang et de déposer dans un coffret à côté de la coupe un dollar chaque soir où chacun s'estimait trop fatigué pour faire quoi que ce soit; tout ça durant trois semaines. Sylvie et Norbert suivirent cette étrange prescription. Après cette période, ils furent invités à aller jeter la coupe de sang dans le fleuve et à utiliser l'argent pour se payer un bon repas dans un restaurant surplombant le fleuve, tout en discutant de leurs projets d'avenir.

Un an plus tard, leur cadet ayant atteint ses dix-huit ans, Sylvie et Norbert décidèrent de vendre leur maison et de s'accorder une année de voyage ensemble... ils n'en avaient jamais fait en trente ans de vie conjugale.

Jacqueline et Philippe

Jacqueline et Philippe savaient très bien pourquoi ils s'étaient mariés : Jacqueline voulait quitter sa famille et Philippe voulait faire l'amour avec Jacqueline. Au bout de dix ans, ils n'en pouvaient plus. Ils disaient qu'ils étouffaient et ne savaient plus que faire pour protéger leur mariage.

Je leur dis qu'ils n'étaient pas mariés puisque leur relation n'avait rien à voir avec les repères civils et religieux du mariage. Ils négocièrent une séparation équitable et se partagèrent la garde de leurs enfants en vivant dans des logements voisins. Jacqueline et Philippe respirent maintenant très bien.

La sortie de l'enfer conjugal demande de l'imagination. Il s'agit souvent de s'engager dans une expérience qui abolit les anciennes croyances pour ouvrir sur d'autres manières de vivre une relation. L'enfer d'un couple s'élabore souvent dans un cercle vicieux de croyances confirmées par des expériences qui instituent des habitudes. Un amour de vingt ans ne peut vivre dans des vêtements de dix ans ; il étouffe. On peut croire que l'amour est mort alors qu'il s'agit souvent de changer les vêtements.

Surmonter une difficulté conjugale implique un changement important dans la façon dont les deux conjoints vivent et perçoivent la relation. Le changement lui-même n'est pas nécessairement long et pénible, mais il appelle le renoncement à plusieurs de nos habitudes. Ces habitudes nous sont précieuses, même si elles sont source de problèmes et d'angoisses. Dans le changement, dire adieu à nos habitudes demande souvent plus d'énergie que d'adopter de nouveaux comportements. N'oubliez pas les avantages liés au problème!

Le moyen par excellence pour favoriser le changement est d'expérimenter de nouvelles situations conjugales dans lesquelles les avantages sont plus grands que ceux de la relation problématique. Changez de place à la table, de position dans le lit, changez l'horaire, changez les vêtements, la coiffure, les caresses; changez ce que vous voulez, mais surtout n'essayez pas de changer l'autre.

Vieillir ensemble peut être une expérience emballante si vous considérez que vous et votre conjoint allez changer plusieurs fois d'idées, de goûts, d'allures, de manières et de rêves. Par contre, si pour vous vieillir ensemble signifie accumuler des années avec le même conjoint toujours égal à lui-même, je vous présente mes sympathies.

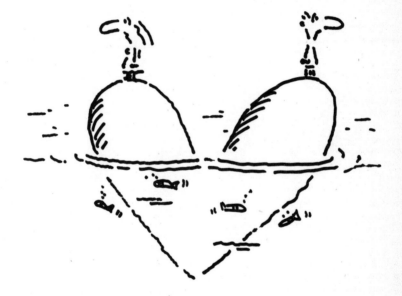

Chapitre
V

Les moyens du paradis

Les librairies présentent en abondance des livres où pullulent conseils et remèdes pour la vie conjugale. Devant ce foisonnement, l'auteur a deux options : 1) renoncer à la surenchère et dénoncer l'escalade des recettes, 2) entrer dans la danse. La deuxième option risque d'être qualifiée de prétentieuse, moralisatrice et subjective. Pourquoi pas?

Voici un questionnaire servant à évaluer vos capacités de vivre une relation conjugale saine. Profitez-en pour faire l'inventaire des forces et des moyens à votre disposition. Il est strictement défendu de refiler ce questionnaire en douce à votre conjoint. Cette manœuvre pourrait fortement l'indisposer. Chaque élément du questionnaire est très important; aucun ne peut être considéré comme secondaire si l'on tient pour acquis que la durée moyenne de la vie conjugale est de quarante années.

Questionnaire

	oui	non

1. Je suis capable de remplacer le papier hygiénique aussitôt que je l'ai épuisé.   ___   ___

2. Je peux accepter de changer de côté du lit à l'occasion.   ___   ___

3. Je peux sentir mes mauvaises odeurs corporelles avant que les autres ne les perçoivent.   ___   ___

4. Je suis capable de demander ce dont j'ai besoin sans attendre que les autres le devine.   ___   ___

5. «Non» est un mot d'amour.   ___   ___

6. En amour j'ai toute ma tête.   ___   ___

	oui	non

7. Je connais les moyens pour ne pas transmettre la grippe aux autres. —— ——

8. J'applique les moyens pour soigner une grippe. —— ——

9. Je suis capable de faire des grimaces. —— ——

10. Je sais comment placer deux adultes dans une petite baignoire. —— ——

11. Je peux raconter succincte-ment ma journée. —— ——

12. Je sais choisir mes vêtements. —— ——

oui   non

13. Je veux changer de vêtements.   ___   ___

14. J'aime embrasser souvent et
    longtemps la bouche fermée.   ___   ___

15. J'aime embrasser souvent
    et longtemps la bouche
    ouverte.   ___   ___

16. J'utilise mes yeux pour
    écouter et mes oreilles pour
    entendre.   ___   ___

17. Je sais comment faire et
    gérer un budget.   ___   ___

18. J'ai été initié il y a long-
    temps au mystère de la
    vaisselle propre.   ___   ___

	oui	non

19. Je retiens aisément le numéro de téléphone de ma résidence.

20. J'aime prévenir de mes absences ou de mes retards.

21. La brosse à dents, le portefeuille, l'agenda et le courrier font partie des choses personnelles.

22. J'ai mon propre compte bancaire.

23. Je sais que présenter ses excuses est une marque de grandeur.

24. Je peux conduire la voiture.

	oui	non
25. Je peux ne pas conduire la voiture.	___	___
26. Je suis capable de dormir seul.	___	___
27. Je suis capable de dormir avec une autre personne à mes côtés.	___	___
28. Je peux écouter les autres raconter leurs difficultés sans chercher pour eux des solutions.	___	___
29. Je peux demander aux autres des solutions à mes problèmes.	___	___
30. J'aime me déguiser pour une fête.	___	___

	oui	non
31. J'adore recevoir des cadeaux.	___	___
32. Je refuse de subir toute forme de violence.	___	___
33. J'aime rire à gorge déployée.	___	___
34. Pleurer devant quelqu'un me fait beaucoup de bien.	___	___
35. J'ose souvent dire des mots doux.	___	___
36. Je reconnais qu'après un verre d'alcool mon esprit n'est plus aussi vif.	___	___

	oui	non
37. Je reconnais qu'après deux verres d'alcool je ne suis pas fiable.	—	—
38. Je reconnais qu'après trois verres d'alcool mieux vaut que je sois entouré d'amis.	—	—
39. Je refuse toute béatification de mon vivant.	—	—
40. Je n'ai pas à justifier mon existence.	—	—

	oui	non

41. Je me reconnais les droits suivants :

prendre mon temps   ___   ___

perdre mon temps   ___   ___

avoir des faiblesses   ___   ___

avoir des forces   ___   ___

plaire   ___   ___

ne pas plaire   ___   ___

avoir des amis   ___   ___

me retrouver seul   ___   ___

dire ce que je pense   ___   ___

vivre mes émotions   ___   ___

faire ce que je choisis   ___   ___

choisir   ___   ___

faire des erreurs   ___   ___

oui   non

42. Je me reconnais les responsabilités suivantes :

exercer les droits précédents   __   __

reconnaître ces droits aux
autres   __   __

43. J'aime vieillir.   __   __

44. Il n'y a pas que le travail
dans ma vie.   __   __

45. Je sais qu'il n'y a aucun
règlement municipal qui
interdit de dîner sous la
table.   __   __

46. J'accepte de raconter mes
fantaisies sexuelles.   __   __

	oui	non

47. Je sais que le père Noël n'existe pas.   —   —

48. La Fée des glaces non plus.   —   —

49. Je reconnais que les hommes et les femmes sont des personnes humaines :

    d'égale dignité   —   —

    qui se ressemblent   —   —

    qui sont différentes   —   —

    qui peuvent se comprendre   —   —

50. Je ne fais pas le procès de mes parents.   —   —

51. J'ai déjà fait le procès de mes parents.   —   —

	oui	non
52. J'ai quitté mes parents.	___	___
53. Je remercie mes parents de m'avoir donné la vie.	___	___
54. Je sais changer une ampoule électrique.	___	___
55. Je suis capable de dire en quoi je crois.	___	___
56. Je jouis des caresses.	___	___
57. J'émets des sons lorsque je jouis.	___	___
58. Je veux partager les tâches et les responsabilités.	___	___

	oui	non

59. Je refuse de partager les tâches dont je n'ai pas la responsabilité.   ___   ___

60. Je sais utiliser un condom.   ___   ___

61. J'ai horreur des mensonges, surtout des miens.   ___   ___

62. Je ferais confiance à un conjoint qui me révélerait avoir eu une aventure.   ___   ___

63. Je sais que ce qui est sérieux n'est pas forcément ennuyeux.   ___   ___

64. Je n'ai pas besoin d'un messager pour transmettre mes idées.   ___   ___

	oui	non
65. J'aime bien discuter sans rien décider.	——	——
66. J'aime bien discuter avant de décider.	——	——
67. Je sais dire ma colère.	——	——
68. J'aime les desserts.	——	——
69. Je sais que nous mourrons tous.	——	——
70. Je ne voudrais être personne d'autre que moi.	——	——

Corrigé du
questionnaire

– Si vous n'avez aucun « non », vous êtes déjà au paradis.

– Si vous avez entre 1 et 5 « non », révisez votre questionnaire, vous en avez oublié.

– Si vous avez entre 5 et 15 « non », vous avez des forces suffisantes pour vivre une relation conjugale saine.

– Si vous avez entre 15 et 30 « non », considérez le célibat.

– Si vous avez plus de 30 « non », consultez un professionnel de toute urgence.

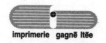

imprimerie gagné ltée

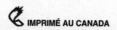

IMPRIMÉ AU CANADA